AUTISMO
A CADA UM O SEU GENOMA

François Ansermet & Ariane Giacobino

AUTISMO
A CADA UM O SEU GENOMA

1ª Edição
POD

KBR
Petrópolis
2013

Coleção Psicanálise & Ciência - EBP

Tradução **Zelma Galesi**
Revisão e coordenação **Marcelo Veras**
Edição de texto **Noga Sklar**
Editoração **KBR**
Gráficos traduzidos **Amanda Galesi**
Capa **KBR s/ Arquivo Google**

ISBN **978-85-8180-173-5**

KBR Editora Digital Ltda.
www.kbrdigital.com.br
www.facebook.com/kbrdigital
atendimento@kbrdigital.com.br
55|24|2222.3491

PSY022020 - Transtornos do espectro autista

François Ansermet é professor na Universidade de Genebra, médico-chefe do serviço de psiquiatria da infância e da adolescência dos Hospitais Universitários de Genebra e diretor do departamento universitário de psiquiatria. Psicanalista, é membro da École de la Cause Freudienne, da New Lacanian School e da Associação Mundial de Psicanálise. Em 2013 foi nomeado membro do Comité consultatif national d'éthique pour les sciences de la vie et de la santé pelo Ministério da Saúde francês. Entre suas principais obras estão: À chacun son cerveau; Plasticité neuronale et inconscient, com Pierre Magistretti (Odile Jacob, 2004); Les enigmes du plaisir (Odile Jacob, 2010); e Clinique de l'origine (Cécile Defaut, 2012), traduzido para o português como Clínica da origem (Contracapa, 2003).

Ariane Giacobino é livre-docente na Universidade de Genebra e médica-adjunta no departamento de medicina genética e no laboratório dos Hospitais Universitários de Genebra. É membro das sociedades suíça, europeia e americana de genética humana. Após uma especialização clínica em genética médica em Genebra, prosseguiu em suas atividades de pesquisa, especialmente em genética molecular, na Universidade de Pittsburgh (PA, USA), entre 2003 e 2006. Atualmente trabalha como geneticista clínica e conduz uma atividade paralela de pesquisa sobre os efeitos do meio ambiente no genoma.

O livre arbítrio não existiria.
O ser se definiria na relação com as suas cé-
lulas, com a sua hereditariedade, no tempo breve ou
prolongado do seu destino...
No entanto, existe entre tudo *isto e o Homem*
um enclave de imprevistos e de metamorfoses do qual é
necessário defender o acesso e assegurar a estabilização.

René Char, *Feuillets d'Hypnose*, nº 155

AGRADECIMENTOS

Os autores agradecem a Ève Miller Rose, da Editora Navarin, a Pascale Fari e Hervé Damase por seu entusiasmo e também por sua habilidade em tornar a genética mais inteligível.

A EBP se associa aos autores no agradecimento à Ève Miller Rose, assim como agradece a Angelina Harari e Patrícia Veras pelo apoio e contribuição à edição brasileira.

SUMÁRIO

PREFÁCIO
GENÉTICA E PSICANÁLISE: UM CRUZAMENTO INESPERADO

O autismo está em questão, hoje mais do que nunca. Tudo o que tinha sido pensado previamente está sendo submetido a uma crítica radical. Clama-se que houve erro, denuncia-se o engano, visa-se uma reviravolta. A ideia de uma causalidade psíquica é posta em dúvida: invocam-se doravante as bases genéticas do autismo, separando-as da produção psíquica.

Mas, do que se trata, efetivamente? Em que consistem essas pesquisas de ponta? Devemos observá-las mais de perto. Uma avalanche de elevadas tecnologias se compromete a identificar o determinante genético do autismo. Suas manifestações clínicas são agrupadas, em seguida divididas em subgrupos, definem-se as regiões cromossômicas, tenta-se decifrar e mapear o genoma e suas variações.

Ora, a situação atual da pesquisa genética coloca em evidência que o código genético, em todas as suas vertentes, não libera uma causalidade única. Bem ao contrário, o que temos é um foco em torno do individual. Se cada sujeito autista é, efetivamente, geneticamente determinado, tais determinantes são incessantemente diferentes, múltiplos e únicos ao mesmo tempo. Bem mais do que gerenciar a repetição do mesmo, o determinismo genético encontra a questão da produção da diferença. As variações interindividuais, a definição da singularidade que está no cerne da psicanálise, tornam-se também questões cruciais para a genética — eis um cruzamento bem inesperado de dois campos que até então tinham tudo para serem antagônicos. Prefigurariam esses novos problemas revelados pelo autismo uma revolução na concepção do determinismo que poderia afetar tanto a genética quanto a psicanálise?

DESCRIPTOGRAFAR O AUTISMO?

O que determina a especificidade do ser humano em relação às outras espécies? A que se deve a irredutível diferença entre um indivíduo e outro? Em que essas diferenças são hereditariamente transmitidas e geneticamente programadas? Desde o início do século XXI, a possibilidade de vir a suprimir esses enigmas tem mobilizado o interesse e a esperança de milhares de pesquisadores em genética. O extraordinário desenvolvimento da tecnologia e da bioinformática,[1] cujo custo se mede em milhões de dólares, resultou na acumulação de trilhões[2] de bases de DNA. Do sequenciamento genético de um indivíduo ao Projeto dos 1000 Genomas[3] passando pela

---

1 Programas e ferramentas de informática que permitem ler e reunir os dados produzidos por aparelhos de análise genética, tais como os sequenciadores de DNA, que analisam as sequências elementares que constituem uma porção do DNA.

2 Um trilhão representa 10^{12}, ou seja, 1000 bilhões.

3 O Projeto dos 1000 Genomas é um projeto internacional que visa sequenciar o DNA de 1000 indivíduos para obter informações sobre as semelhanças e diferenças entre os indivíduos.

decodificação dos genomas da abelha, do cavalo, do camundongo, do rato, e mesmo do arroz, essa decodificação maciça adquiriu um aspecto obsessivo. Absorvendo milhões de dólares, constitui a partir de agora o objetivo de inúmeros programas de pesquisa visando à obtenção de resultados tangíveis, utilizáveis num futuro próximo.

A corrida desenfreada pela decodificação do genoma prossegue, com a finalidade de poder em breve chegar a uma sequenciamento individual acessível sob o ponto de vista tecnológico e financeiramente viável. O sonho seria que o mais comum dos mortais pudesse dispor de seu próprio genoma armazenado em um pen drive, tal qual um saber pessoal que lhe daria acesso à sua origem e, se possível, ao seu futuro.

A transmissão do mesmo ou a produção da diferença

Essa aspiração vertiginosa parece, no entanto, almejar hoje em dia o aspecto irredutível daquilo que constitui a diferença interindividual. A questão da transmissão do idêntico, na qual a pesquisa genética costumava se basear, foi suplantada por outra, a saber, a da magnitude das diferenças genéticas na raiz da diversidade entre os indivíduos. Com efeito, buscando-se compreender o que é um genoma proveniente de dois outros que se combinam para recriar apenas um — da mesma maneira que um indivíduo é proveniente de seu pai e sua mãe —, pode-se constatar que se trata de algo completamente diferente de duas metades colocadas juntas. O que se coloca, então, é antes a questão da produção da diferença que a do idêntico, como seria de se pensar.

A ideia da genética como ciência da determinação do mesmo voou pelos ares. Pensa-se sempre que *um* vem de *dois*, mas, paradoxalmente, duas vezes *uma metade* conduz a uma infinidade de possibilidades, como se um patrimônio genético em particular pudesse corresponder a combinações sempre novas de duas metades conhecidas.

Se ½ + ½ dá uma infinidade de 1, o que é este 1 para cada um? Será que dentro disso se esconderia a diferença? Neste caso, 1 pode ser compreendido como o conjunto dos 46 cromossomos que nos constituem,[4] da mesma forma que esses 46 cromossomos podem eles próprios ser considerados como o suporte dos 20 mil genes de que são compostos: 2 x 10 mil genes formam, portanto, também um indivíduo. E cada gene, por sua vez, é constituído de milhares de bases de DNA. Assim, como em um sistema de bonecas russas, cada fração explorada se revelou de uma complexidade e de uma infinidade

---

4 O genoma humano é constituído de 46 cromossomos, ou seja, cadeias de DNA encaixadas de maneira compacta e organizadas no núcleo das células. Na reprodução, cada um dos pais transmite 23 cromossomos, ou seja, a metade de seu genoma.

surpreendentes.

Além disso, a diferença genética entre um indivíduo e outro não nos permite dar conta da diversidade. O material de base é sempre o mesmo, o DNA, comportando as mesmas características, quer tenha se originado em um homem, em um camundongo ou em um grão de arroz, apesar de sua evidente imensidão de diferenças na ordem do visível. Mesmo que suas dessemelhanças nos saltem aos olhos, são menos manifestas do ponto de vista genético. No final das contas, os esforços de sequenciamento colocaram inicialmente em evidência o que era da ordem do mesmo: o patrimônio genético comum à espécie humana é de 99,5%, ou seja, somos geneticamente idênticos em 99,5%. Significaria isso, contudo, que o que nos diferencia uns dos outros não passa de 0,5% de nossos genes?

Do monogênico à emancipação do código

A análise comparativa do DNA de vários indivíduos permitiu igualmente fazer aparecer tudo o que se escondia por trás de regiões do DNA consideradas, até então, como um simples suporte das partes essenciais contendo informações, que são os genes.

Características / afecções << monogênicas >>	Características / afecções << poligênicas >> << complexas >> << multifatoriais>> << heterogêneas>>
~ 2000 genes implicados (sobre os ~ 20000 genes do genoma inteiro)	

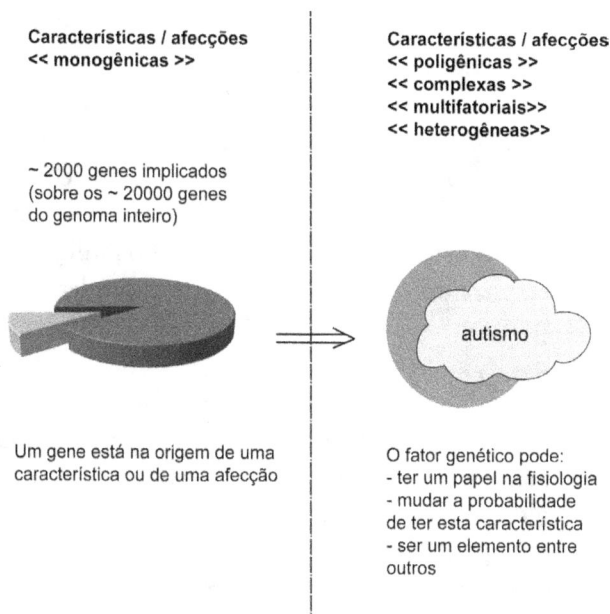

Um gene está na origem de uma característica ou de uma afecção	O fator genético pode: - ter um papel na fisiologia - mudar a probabilidade de ter esta característica - ser um elemento entre outros

Fig. 1 - Do monogênico ao heterogênico

No momento atual, dos 20 mil genes que constituem o genoma humano, estima-se que em torno de apenas 2 mil estão envolvidos nas doenças ditas "monogênicas" — ou seja, imputáveis à mutação de um único gene. Da doença considerada como resultante diretamente da mutação de um único gene, passamos, portanto, a uma concepção poligênica, heterogênea, complexa, e, finalmente, difícil de definir.

De uma concepção monogênica das doenças genéticas, ligadas às mutações conhecidas e identificáveis, com os riscos de transmissão à geração seguinte matematicamente quantificável, chegamos à noção de predisposições genéticas complexas, implicando muitos genes, onde o incerto ocupa todo o cenário. É assim que o determinismo genético começou a escapar do seu código. Novas evidências do papel do ambiente e a importância daquilo que não é constante, mas variável, polimorfo, indetectável, questionam o determinismo genético como tal e, com ele, a noção de código.

No que concerne às afecções relativas ao psiquismo, a hipótese de uma causalidade genética foi considerada, em primeiro lugar, para as doenças neurológicas, dada a recorrência de uma mesma afecção em diversas gerações. Foram descobertas doenças neurológicas de base monogenética, tal como a Coreia de Huntington, descrevendo-se o risco teórico de um descendente ser afetado pela transmissão do gene mutante, no caso de um dos pais ser portador.

Mas após ter entendido e decodificado a maioria dessas afecções monogênicas, a pesquisa genética se inclinou para as afecções nas quais a transmissão não parecia tão simples. Famílias onde se observava uma prevalência elevada de afecções psiquiátricas — às vezes da mesma doença, às vezes uma doença um pouco diferente — foram estudadas sob uma perspectiva genética. Assim, chegou-se a invocar uma "atmosfera genética": alguns gêmeos apresentavam às vezes, mas não sempre, o mesmo transtorno psiquiátrico, sendo que há gerações com e outras sem. A esquizofrenia, a hiperatividade, as tendências suicidas... são sucessivamente examinados nos laboratórios de genética. O autismo, também, seguramente.

Diagnóstico incerto e complexidade genética

O autismo nos dias de hoje tornou-se objeto de intensas pesquisas. Congregando numerosos laboratórios ao nível internacional, essas pesquisas se ocupam do sequenciamento genético de milhares de indivíduos — irmãos, irmãs, gêmeos falsos e idênticos e seus parentes — caracterizados por manifestações clínicas precisas. Forçosamente, portanto, reconhecemos como válida a questão da pertinência do diagnóstico do autismo. De um lado, procura-se decodificar o genoma em jogo, de outro, tenta-se situar os códigos e as escalas para definir o que é o autismo!

Temos, então, a impressão de que as coisas evoluem de uma maneira divergente. A definição do autismo se expande para incluir "os transtornos do espectro autista", enquanto, paralelamente, procura-se isolar os mecanismos genéticos mais distintos possíveis com a finalidade de dar ao autismo uma base genética cada vez mais específica. Há nisso uma contradição que não parece de forma alguma ter sido ressaltada nem considerada nos debates atuais, o que é um tanto surpreendente. De um lado, se reagrupam os sinais cada vez menos específicos de síndromes sempre mais amplas que constituem o muito abrangente "espectro autista"; de outro, analisa-se os mecanismos genéticos cada vez mais sutis e específicos, na esperança de identificar as variações em porções do DNA — fixas ou variáveis — passíveis de serem responsáveis pelos transtornos estudados. Nesse movimento de ioiô entre a especificidade e a expansão, inclui-se também a hipótese das bases genéticas comuns a vários distúrbios, como o autismo, a esquizofrenia, transtorno bipolar e hiperatividade, assim como o transtorno depressivo maior (Cross-Disorder Group of the Psychiatric Genomics Consortium, 2013). Assim, vemos desenvolver-se um duplo movimento na ciência, em duas vias contraditórias: de um lado, uma ciência que vai em direção ao todos iguais, associando uma série de informações muito diferentes e correndo o risco de perder todo o acesso à clínica onde se encontra o inevitável encontro com a singularidade; de outro, uma ciência que isola a diferença e a unicidade — que é precisamente o que retém nossa atenção neste livro.

Resta, entretanto, saber se as variações nos grupos de genes, de outro modo envolvidas de perto ou de longe na neurotransmissão, podem verdadeiramente explicar por que, numa mesma família, vários indivíduos apresentam os transtornos autistas. Por que dois primos são autistas, sendo que seus pais não o são? A esquizofrenia de um tio teria alguma relação com o autismo do sobrinho?

Apesar dos resultados que acumulam, essas pesquisas encontram sempre um limite: o determinismo biológico que escapa de certas afecções. O enigma persiste, ainda que se leve em conta o impacto dos múltiplos fatores ambientais — ligado ou não a uma suscetibilidade individual resultante dessas mutações e dessas variações do DNA.

Este é particularmente o caso do autismo, a propósito do qual se passa de uma hipótese genética a outra. Certos estudos evocam um conjunto de variações ao nível do DNA, cuja conjunção teria supostamente um valor causal na afecção. Outras pesquisas são centradas em fragmentos de DNA, em excesso ou em falta. E outras ainda mencionam todos os determinantes possíveis, aos quais se acrescenta ou elimina-se o meio ambiente como fator associado. Todas as modalidades de variações de sequências e de modificações quantitativas do DNA que podem ser encontradas nos sujeitos atingidos são sucessivamente apontadas como contribuindo para uma determinação genética definida.

Por falta de capacidade de chegar a um entendimento quanto a uma determinação específica e exclusiva, optamos por denominá-la determinação "complexa" — termo que veio compensar o fato de que o conteúdo da determinação em jogo resta, justamente, indeterminado. Fala-se, com efeito, de doenças com características complexas para descrever esses transtornos que parecem envolver múltiplos fatores genéticos, quando não se chega nem a isolá-los nem a relacioná-los entre si. Como é possível que aquilo que não se chega a determinar termine por ser considerado precisamente como o que é determinante?

Teria a complexidade hoje em dia se tornado o nome de uma determinação? Ou esse termo, ao contrário, viria a ocultar o que nos escapa e que não se pode definir? Queremos aqui testar esta questão à luz dos mais avançados resultados das pesquisas atuais. Falar de um determinante, complexo ou não, subentende uma causa e um efeito. Seria realmente o caso? Seria esse realmente o caminho certo? É como se apresentássemos uma equação com a promessa de uma melhor compreensão, mas, no entanto, jamais pudéssemos resolvê-la.

A CAUSALIDADE GENÉTICA: UMA CRENÇA MODERNA

A reconfiguração completa da ideia do autismo a que assistimos atualmente é surpreendente. Se sua definição até aqui permaneceu relativamente estável, nas versões sucessivas do DSM[5] ou do CID,[6] com o DSM-5[7] em processo de elaboração e sua concepção do *Transtorno do espectro autista* [TSA], o autismo se estende bem além do campo coberto pela definição inicial elaborada por Leo Kanner (Kanner,1943).

---

5 *DSM* — *Diagnostic and Statistical Manual of Mental Disorders* [Manual Diagnóstico e Estatístico dos Transtornos Mentais] estabelecido pela Associação Americana de Psiquiatria [APA]. Fonte: História do DSM no website da APA — psychiatry.org/practice/dsm/dsm-history-of-the-manual.

6 CID: Classificação Internacional das Doenças [CID10] estabelecida pela OMS.

7 O site destinado aos debates em torno do atual dsm-5 motivou a passagem dos números romanos para os números arábicos no título do DSM, introduzindo uma multiplicação de revisões já programadas para as edições posteriores (Cf. FAQ no site do DSM-5 — dsm5.org)

O autismo reconfigurado

Desde então, os manuais de classificação têm se sucedido, desde o *DSM-I* em 1952 (106 categorias diagnósticas, apresentadas num volume de 224 gramas, 135 cm², 130 páginas), passando pelo *DSM-IV* em 1994 (297 categorias diagnósticas, 1470 gramas, 168 cm², 886 páginas), até chegarmos ao DSM-5, que modifica a definição de certos critérios multiplicando ainda mais as categorias, sob o risco de medicalização daquilo que faz o infortúnio cotidiano, ou o que é próprio da condição humana como tal.

Como categoria nosográfica, o autismo cresceu de maneira desconcertante, e essa extensão nos inquieta. Lidamos hoje em dia com números alarmantes: sua prevalência teria aumentado em 57% entre 2002 e 2006 (Mitka, 2010) ou ainda em 600% entre 1990 e 2006 (Hertz-Picciotto *et al.*, 2009). É certamente difícil distinguir entre o que é atribuível a uma mudança nos critérios diagnósticos, à expansão de algumas categorias e o que é resultado de melhores métodos de detecção em uma idade mais precoce.

No entanto, ao tentar desvendar essa questão, pode-se constatar que não é assim tão consistente o argumento do aumento da prevalência do autismo — que se tornou epidêmico, de acordo com alguns. De fato, para uma estimativa da prevalência adequada é necessário considerar não apenas os critérios diagnósticos, mas igualmente parâmetros tais como a similaridade dos instrumentos utilizados para o diagnóstico, sua credibilidade e seu grau de validade, o tamanho dos grupos populacionais estudados, a idade das pessoas que os constituem, o modo de recrutamento, e muitos outros fatores... Limitando os critérios diagnósticos constantes a um dado período — ou seja, sem levar em conta sua evolução em relação às versões do *DSM* — e agrupando as publicações utilizando os mesmos instrumentos metodológicos, os estudos estatísticos mais avançados demonstram uma estabilidade na prevalência do autismo no decorrer os últimas décadas (Fisch, 2012). Naturalmente, isto não torna o autismo menos grave nem menos preocupante para a ciência, para a sociedade e para os próprios autistas!

O autismo permanece, portanto, refém desses movimentos de ampliação ou de restrição dos critérios, de diminuição ou elevação do limiar diagnóstico. Assim, segundo os critérios considerados no *DSM-5* que entrarão em vigor, torna-se possível uma diminuição do diagnóstico do autismo e, portanto, da sua prevalência, variando entre 40 e 47%, como demonstram os estudos que comparam a utilização dos critérios do *DSM-IV* àqueles do *DSM-5* em pessoas já diagnosticadas ou em risco de autismo (McPartland *et al.*, 2012; Matson J. L. *et al.*, 2012). Entretanto, é sem dúvida ainda prematuro prever com certeza a evolução da prevalência do autismo, que dependeria do modo de aplicação

(A) Prevalência do autismo segundo critérios diagnósticos evolutivos do DSM
Estudos 1970-2010

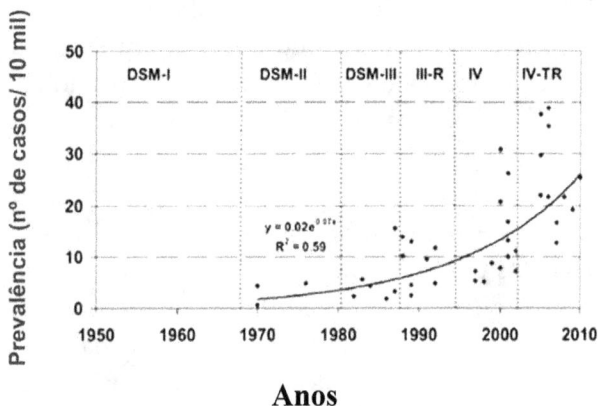

(Fisch, 2012, fig. 1, p. 94)

(B) Prevalência do autismo segundo critérios diagnósticos constantes
Estudos 1996-2010

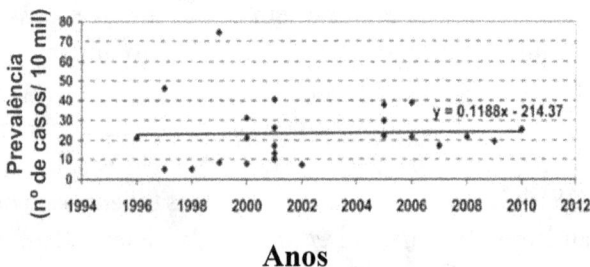

(Fisch, 2012, fig. 5, p. 96)

Fig. 2 - A epidemia de autismo: um falso alerta?

dos critérios novamente propostos na versão atual do DSM-5 (Lai L.C., Lombardo M.V., Chakrabarti B., Baron-Cohen S., 2013). Esta questão, portanto, permanece em aberto.

De qualquer maneira, o sujeito não é mais compreendido apenas em termos de categorias aplicáveis a todos, sem levar em conta a singularidade de cada um, o caso a caso, o *um a um*.

Paralelamente, abundam as hipóteses etiológicas sobre o autismo: mercúrio, cádmio, níquel, tricloroetileno, ftalatos, pesticidas, infecções, ácido valproico, estresse imunológico, estresse oxidativo, dióxido de azoto... são sucessivamente responsabilizados. O sexo da criança afetada é evocado igualmente como podendo estar relacionado à severidade do autismo, assim como a ordem dos nascimentos (Martin *et al.*, 2012). As características biológicas do indivíduo e do meio ambiente são invocadas alternadamente; assim, passamos do autismo concebido como uma doença pedopsiquiátrica, deixada a cargo dos cuidadores, para uma doença biológica, que perdeu seus cuidadores para ganhar pesquisadores. A utilização do pequeno verme de laboratório, o nematódeo *Caenorhabditis* Elegans, para decifrar os mecanismos das afecções dos desenvolvimentos neurológicos como o autismo (Bessa *et al.*, 2013), aliás, nos faz pensar que nos inclinamos sobre um sistema biológico, muito mais do que sobre um indivíduo. Ora, o autismo implica o sujeito completamente, para além de seus cromossomos. Diante disso, pode-se bem perguntar: isso quer dizer que poderia haver um "quase-autismo" (Hrdlicka *et al.*, 2013), que seria, então, quase-geneticamente determinado? Em vista desse truque de prestidigitação, parece legítimo perguntar em que ponto, portanto, estaria o sujeito. Esta questão crucial decorre da mutação em jogo: os genes e o cérebro é que fariam o sujeito tal como ele é. A investigação se volta, então, sobretudo para o lado dos determinantes genéticos. A exploração da causa termina, eventualmente, por mascarar a necessidade de um suporte — qualquer que seja a definição da causa. Mas pode-se realmente destacar a matéria biológica do indivíduo que a contém?

A causalidade genética e o imaginário contemporâneo

Antes de proceder a uma revisão sintética, porém sistemática, das investigações genéticas em torno do autismo, é necessário ressaltar que o espinhoso debate sobre a causa do autismo não se desenrola tanto nos laboratórios de pesquisa quanto ao nível das representações, o que levanta a questão de saber como se constitui a opinião pública.

Quais são, por exemplo, as representações das famílias envolvidas? Selkirk *et al.* (2009) focam-se sobre a percepção dos pais na etiologia do autismo: em um grupo de 255 pais, 72,7% ressaltaram a causa genética dentre uma vasta enumeração de causas possíveis (entre as quais a alimentação, as vacinações, a idade dos pais etc.) Essas mesmas famílias, em 68% dos casos, estimam que, para os pais que têm uma criança afetada, o risco de recorrência em uma futura gestação situa-se entre 25 e 99%.

Ora, o risco empírico estimado pelos geneticistas se situa entre 2 e 10%! Deixemos claro que apenas 11% desses pais consultaram um geneticista: tratar-se-ia, nesse caso, de uma "genetização" sem geneticista!

De fato, a percepção da etiologia genética do autismo segue diretamente o movimento geral de paixão pela genômica. Dessa maneira, em 1995, 30% dos pais tenderam a uma etiologia genética do autismo em seu filho, enquanto que em 2005 essa porcentagem atingiu 90% (Mercer *et al.*, 2006).

Quanto às fontes de informação dos pais concernentes à etiologia do autismo, constata-se que, efetivamente — pelo menos de acordo com um estudo australiano (Whitelaw *et al.*, 2007) —, trata-se principalmente de dados provenientes da internet, dos livros, dos professores, ou mesmo de outros pais, mas raramente de um médico, e menos ainda de um geneticista.

O sofisma das bases biológicas do autismo

Nossa época se caracteriza, entre outras coisas,

por uma resistência à causalidade psíquica; tenta-se explicar e controlar, a partir das bases biológicas, o que nos escapa do que é humano. Tenta-se fazer desaparecer os enigmas do sujeito, esperando substitui-los por certezas controladas. Por que não? Foi este igualmente o sonho das ciências do psiquismo, ainda que o sujeito escapasse sempre tanto às suas explicações quanto às suas previsões, mostrando-se a cada vez único e diferente, além do que se pudesse elaborar a partir do conhecimento estabelecido.

Hoje, a situação é efetivamente outra: já não se supõe que o sujeito esteja, ele mesmo, na raiz dos transtornos que apresenta. Ele nada pode fazer; são seus genes, os efeitos do meio ambiente sobre eles, a estrutura do seu cérebro, que o fazem tal como ele é. É assim que o psiquismo é eclipsado sob o efeito desses postulados relativos às bases biológicas dos distúrbios psíquicos.

Estamos lidando com um sofisma que poderia ser formulado da seguinte maneira:

Primeira proposição: admitir que existem os transtornos psíquicos;

Segunda proposição: colocar a hipótese de que esses transtornos psíquicos têm uma base biológica;

Terceira proposição: demonstrar — ou crer que se demonstra — essa base biológica;

Quarta proposição: se têm uma base

biológica, esses fenômenos não são psíquicos.

Donde se pode concluir: não existem transtornos psíquicos. Este raciocínio falacioso é particularmente virulento nos debates sobre o autismo, mais especialmente quando são evocadas suas bases genéticas.

Sigamos cada uma dessas pistas genéticas.

O DNA DECODIFICADO: QUAIS AVANÇOS?

Algumas publicações de grande envergadura anunciam regularmente avanços consideráveis na compreensão das bases genéticas do autismo. Quais são de fato os resultados obtidos até hoje?

Estudos genéticos sobre o autismo

Segundo os estudos, os mesmos traços autísticos estão presentes entre 36 e 95% dos casos de gêmeos idênticos (monozigóticos) — particularmente estudados em razão de seus genomas supostamente idênticos — e entre 0 e 23% para os gêmeos não idênticos (dizigóticos). A concordância[8] nas situações de gemelidade é também dependente do sexo, tendo menos intensidade quando se trata de uma menina afetada pelo autismo (Rosenberg *et al.*, 2009).

---

8 A concordância representa a presença de um mesmo traço em um dado grupo.

Quando numa família uma primeira criança é diagnosticada como autista, o risco de uma segunda criança ser afetada varia de 2 a 10 %, e se eleva em 25% para a terceira criança, se os dois primeiros irmãos são portadores do transtorno — esses dados argumentam a favor dos fatores genéticos envolvidos no autismo.

Antes de tocar mais precisamente no ponto dos avanços das pesquisas genômicas, recordemos que o DNA (Ácido desoxirribonucleico), suporte da informação genética, é composto de uma combinação de quatro unidades elementares, chamadas de bases nucléicas (ou nucleotídeos) e representadas por quatro letras: A, T, G, C.[9]

O DNA de um indivíduo constitui o seu genoma (ou o seu genótipo) e compreende as regiões codificantes — ou seja, os genes — e as regiões não-codificantes. Com efeito, os genes[10] contêm as informações necessárias para a fabricação do RNA (ácidos ribonucleicos[11]).

---

9 A por "adenina", T por "tiamina", G por "guanina" e C por "citosina", ou seja, são quatro os nucleotídeos, bases nitrogenadas que compõem o DNA.

10 Os genes são eles próprios formados de éxons e de íntrons. Os éxons são porções do DNA que contêm as informações necessárias à produção de transcritos de RNA. O conjunto dos éxons, ou seja, a parte codificante do genoma, é chamada de exoma. Os íntrons, não-codificantes, parecem ter um papel estrutural e regulador nas transcrições.

11 O RNA também é composto de uma combinação de quatro bases nitrogenadas.

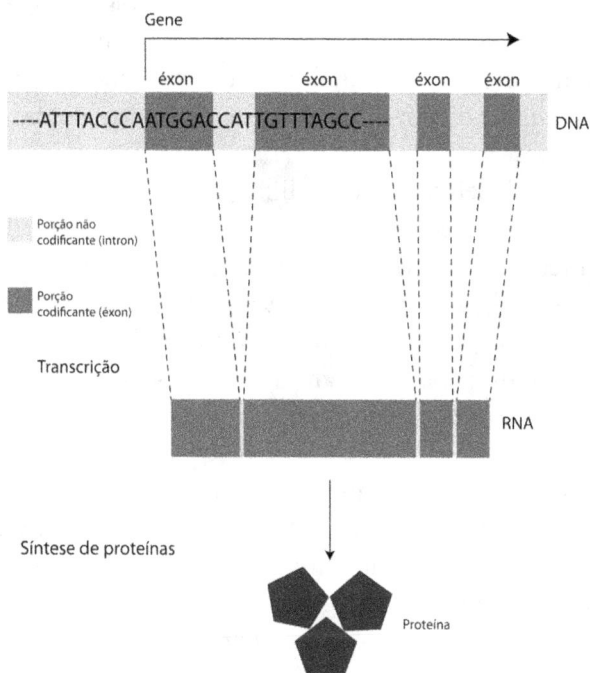

Fig. 3 - O código genético e sua expressão

Química e estruturalmente diferentes do DNA, essas transcrições do RNA são os intermediários necessários para a fabricação das proteínas — elementos de base que asseguram o crescimento e o funcionamento das células. A expressão dos genes, ou seja, a transformação da informação codificada em proteína, efetua-se assim graças ao mecanismo celular.

O fenótipo — resultante da expressão dos genes, ao qual se juntam outros fatores como o meio ambiente — corresponde às características e propriedades de um indivíduo que podem ser medidas ou observadas.

A leitura, a decodificação das informações genéticas elementares, tornou-se possível quando a tecnologia permitiu determinar a organização sequencial das bases nucleicas do DNA.

No recenseamento de vários milhares de indivíduos que apresentam transtornos autistas, estudados através da comparação com famílias e pessoas sem transtornos autistas, as pesquisas mais importantes são multicêntricas:[12] visam estabelecer uma ligação entre as variações ao nível do genoma e a presença de autismo num indivíduo. Utilizam, para este fim, uma tecnologia extremamente sofisticada, implicando, consequentemente, grandes investimentos financeiros.

Uma cadeia de regiões envolvidas

Para dar uma ideia da complexidade dessas pesquisas genéticas, citemos os grandes projetos baseados na análise comparativa das variações concernentes a um único[13] dos quatro elementos de base

---

12 Os estudos multicêntricos abrangem vários centros de inclusão de pacientes através do mundo.

13 Essas variações concernentes a um único dos quatro elementos químicos da base constitutiva ao nível de uma porção do DNA dado

(A/ T/ G/ C) no DNA dos indivíduos afetados e do grupo de controle. Estas *variantes* (ou seja, as variações de um nucleotídeo ao nível de uma dada sequência genômica) são muito frequentes e não são necessariamente patogênicas em si mesmas.

No entanto, podem ter um valor indicativo caso estejam associadas à uma outra mudança em sua vizinhança, que seria ela mesma patogênica (Weiss *et al.*, 2009; Anney *et al.*, 2010). Esse tipo de estudos ditos "de associação" torna-se possível pelo conhecimento da sequência do DNA e suas variações em cada indivíduo.

Essas múltiplas explorações concernentes ao autismo ressaltam resultados que apontam para diferentes regiões do genoma: por um lado, o melhor gene candidato — isto é, susceptível de estar envolvido na causalidade do autismo — seria uma região do cromossomo 5 (5p15[14]); por outro, tratar-se-ia

---

são chamadas SNP — Single Nucleotide Polymorphisms [polimorfismos de um único nucleotídeo]. São distribuídas pelas regiões não-codificantes ou codificantes do genoma de maneira não uniforme. Por exemplo, em uma sequência "ACGTA", a guanina pode ser substituída por uma adenina, o que resulta, então, em uma sequência "ACATA". No momento atual, milhões de variações de DNA são conhecidas, e podem, ou não estar associadas a predisposições e doenças, às características individuais, ou ainda não ter um papel conhecido. São listadas nas bases de dados de bioinformática.

14 Um cromossomo comporta dois segmentos de comprimentos desiguais ligados à sua extremidade. As letras p e q que seguem o número do cromossomo correspondem a uma localização no braço curto (p, de "*petite*"), ou sobre no braço longo (q, letra que se segue a p); o número associado a estas letras corresponde às porções marcadas no

da região 20p12 do cromossomo 20. Estudos genéticos anteriores, por sua vez, tinham proposto como candidatas numerosas outras regiões cromossômicas, em particular as regiões 2q21-33, 3q25-27, 3p25, 4q32, 6q14-21, 7q22, 7q22, 7q31-36, 11p12-13 e 17q11-21 (Corvin *et al.*, 2012).

Assim, as anomalias reveladas não se repetem de um estudo para outro, e até o presente momento não foi possível identificar claramente os genes responsáveis por um ou vários aspectos da doença.

A pista dos desequilíbrios quantitativos

Outro enfoque, complementando o anterior, tem por objetivo a pesquisa de variações genômicas quantitativas, ou estruturais, chamadas "segmentos genômicos em número variável de cópias" (*Copy Number Variation* — CNV[15]). De uma maneira geral, os CNV representam mais de 10% do genoma

---

microscópio após a coloração.

15 Um CNV é uma variação do número de cópias de um segmento de DNA que implica um gene, uma porção do gene, ou um comprimento de ao menos 1000 elementos de A/ T/ G/ C. Essas mudanças quantitativas podem ter, ou uma influência direta sobre a expressão dos genes, ou, em sua posição, ao modificar o organização da região genômica no meio do qual ele se encontra, ou não ter efeito marcante no momento. Eles não constituem *stricto sensu* uma diferença de sequência no DNA, pois o que está em causa aqui é a repetição de uma sequência. Como as variantes de um nucleotídeo podem ou não estar associadas as predisposições das doenças, às características individuais, ou ainda não ter um papel conhecido.

humano e são fonte de diferenças entre os indivíduos.

As pesquisas se baseiam nos métodos de comparação entre uma sequência de DNA de referência e a dos sujeitos autistas (Glessner *et al.*, 2010; Pinto *et al.*, 2010). O princípio desses estudos é comparar as variações CNV no DNA de pessoas afetadas, seus familiares e de indivíduos não afetados. Pode tratar-se de material genômico em excesso (por microduplicação), ou, ao contrário, faltante (por microdeleção[16]).

Tenta-se, em particular, identificar as regiões CNV ditas polimórficas, cuja presença assinalaria um elemento genético capaz de explicar algumas manifestações do autismo, uma maior vulnerabilidade a outros fatores desencadeantes, ou, ainda, o autismo propriamente dito. Um dos estudos identifica 5478 regiões CNV, raras, de comprimento e localização genômica igualmente variáveis, encontradas com mais frequência nos indivíduos afetados do que nos demais (Pinto *et al.*, 2010). A frequência dos CNV raros é estimada em 1,19 vezes maior nos indivíduos afetados do que no grupo de controle (Pinto *et al.*, 2010), o que representa um fator estatisticamente significativo, mas mínimo. Mais recentemente, 5 novas regiões ligadas aos CNV têm sido relatadas como tendo uma provável significa-

---

16 Microduplicação/ microdeleção: excesso ou falta de uma pequena porção cromossômica, não detectável pela análise cromossômica clássica ao microscópio (cariótipo).

ção clínica no autismo: 15q11.2, 10q21.1, Xp22.2, 16p13.3 e 22q13.1 (Sorte *et al*, 2013).

Em matéria de desiquilíbrios quantitativos, portanto, não tem sido possível isolar as modificações genéticas ligadas de maneira repetitiva e constante às manifestações clínicas do autismo, ainda que, às vezes, algumas regiões (como a p11.2 do cromossomo 16) emerjam como estando mais especificamente relacionadas. Ainda assim, há uma grande heterogeneidade posta em evidência até o momento.

Por falta de resultados convincentes do lado quantitativo, parte-se, então, para a exploração do que não se pode ver nem demonstrar, construindo conceitos e termos, emancipados de qualquer representação. Começa-se a pesquisar marcadores cada vez mais indiretos, de funcionalidade incerta, ou que necessitam estar associados a um número enorme de variáveis, com referências cada vez mais distantes da conexão causal. Desvia-se, então, da imagem visível e possível de ser apreendida, para o domínio do invisível ou de uma conexão tão indireta que a causalidade se perde, assim como para as categorias e dimensões cada vez mais abstratas.

Dispersão genética e dispersão clínica

Um terceiro tipo de estudos se volta para as características autísticas associadas a outra síndrome. Caso se encontrem num contexto sindrômico mais amplo — como uma síndrome X-Frágil ou mesmo uma Trissomia 21 —, as características autísticas podem se sobrepor aos aspectos e manifestações clínicas da síndrome. Esses traços não passam, talvez, de um elemento não especificamente representativo do problema cromossômico responsável pela síndrome em questão. Nesse caso, a relação de causalidade entre os genes e as manifestações clínicas é ainda mais difícil de compreender, ainda mais que a discussão torna-se frequentemente mais complexa devido à distinção entre o autismo e os traços autísticos cuja etiologia não é muito mais claramente estabelecida.

A exemplo da síndrome do X-Frágil, a hipótese de uma síndrome autística geneticamente determinada poderia ser verificada pela evidenciação de especificidades gênicas que constituem um denominador comum às manifestações clínicas diversas. Ora, se encontramos por vezes síndromes autísticas ligadas a uma falta genética (como a microdeleção do cromossomo 16:16p11.2), pode também ocorrer de se encontrar múltiplas variações em outros cromossomos sem ligação específica demonstrável com o autismo. Será que isso significaria que ainda não encontramos a base genética em questão? Ou seria a definição incessantemente ampliada do autismo que afasta cada vez mais a perspectiva de uma especificidade genética? Quanto aos contornos da entidade autística, estariam mal definidos demais para sustentar uma hipótese genética? Deveria essa entidade ser revista, na medida em que, finalmente, não seria apenas uma? Seguindo essa pista, alguns se dispõem a estudar cada sinal clínico de maneira independente, mas terminam por fragmentar o autismo em subtipos e em múltiplas constelações, ou ainda por associar certas características autísticas a características relevantes de outras afecções. A dispersão clínica redobra, então, os fatores genéticos em jogo.

O paradoxo da variação causal

Como determinar se a variação interindividual no cerne de um grupo, autista ou não, é mais importante que a variação intergrupos? O que permitiria inferir que variações individuais — sendo maiores entre o grupo de sujeitos autistas e o grupo de controle — teriam um valor determinante na etiologia do autismo? Quanto mais obcecados estivermos pela evidência de uma ligação causal direta, maior será o risco de se atribuir um valor causal àquilo que faz parte das margens de variação normais.

Mais uma vez se estabelece uma ligação causal entre uma multiplicidade de coisas desconhecidas, heterogêneas e variáveis. Se gostaria de apontar um ponto comum; mas a única coisa que reúne essas diferentes variáveis é justamente sua variabilidade em número, tipo e estrutura. Finalmente, é necessário reconhecer que não se chega a delimitar um fator determinante.

No entanto, encontra-se nos autistas mais microdeleções e microduplicações que nos sujeitos dos grupos de controle (Vissers *et al.*, 2012). Isto leva, portanto, a pensar que se pode ter uma síndrome autística com base genética definida, mas que essa anomalia genética subjacente não constitui em si condição suficiente para que o autismo apareça em todos os casos.

A American Society of Human Genetics, porém, aconselha um *screening* ou uma varredura genômica por *microarray*[17] em busca de microdeleções, microduplicações ou CNV raros, ainda que a maioria das análises não revele nada de patogênico. Propõe-se aos clínicos leituras de guias com a interpretação dos resultados obtidos por *microarray* para seus pacientes autistas (Heil *et al.*, 2013). E qual seria o provável benefício? Confortar os pais, ajudando-os a pensar que nada fizeram de errado (Waters, 2011). Teríamos, assim, passado do divã para o

---

17 *Microarray:* tecnologia que permite a comparação entre o DNA de um indivíduo e um DNA de referência por meio de um marcador florescente que permite revelar as mudanças quantitativas do material genético (porções do DNA faltantes ou em excesso, tais como o CNV, as microdeleções, as microduplicações), através de todo o genoma. Esse instrumento é utilizado na pesquisa e no diagnóstico genético. Utiliza-se o termo *screening* quando se trata de uma análise não direcionada: quando é efetuada sobre todo o genoma, fala-se de *microarray.*

microarray? Seria a análise genética um processo de desculpabilização, já que a abordagem psicanalítica é apresentada, hoje em dia, como culpabilizante? Seria o caso de se pensar que a causalidade genética nos permitiria deixar fora de campo as questões eminentemente subjetivas da culpa e da responsabilidade?

Do múltiplo à especificidade irredutível

Numa primeira etapa, para permitir à pesquisa sobre o autismo concentrar-se em bons candidatos, 18 genes foram marcados. Mas a modelagem genética se aperfeiçoou enormemente graças aos progressos da bioinformática. A experimentação virtual, dita *in silico*,[18] as cartografias preditivas dos genes candidatos (Kumar *et al.*, 2011) —estabelecidas por um enfoque bioinformático e a partir de dados disponíveis dos genes e suas funções — permitiram que se construísse, por meio de extrapolações virtuais, uma base de dados de genes candidatos comportando 460 genes, e não menos de

---

18 N.T.: *in silico* é uma expressão usada para significar "o que é realizado no computador ou através de simulação em computador". A frase foi cunhada em 1989, como uma analogia com as frases latinas *in vivo, in vitro e in situ*, que são comumente usadas em biologia (ver também a biologia de sistemas) e referem-se a experimentos feitos em organismos vivos, em partes de organismos vivos, tais como foram encontrados na natureza. Fonte: http://en.wikipedia.org/wiki/In_silico.

442 genes suplementares em relação aos candidatos potenciais inicialmente isolados!

O que pensar de tal determinação, extremamente heterogênea e poligênica? Tudo se passa como se houvesse um componente genético determinante, mas sempre diferente e próprio de cada autista. O fato é que, para além das promessas desses estudos, há um paradoxo a resolver: na tentativa de encontrar uma causa única para todos, esses estudos convergem para a irredutível especificidade que marca cada um.

Os "hits" do sequenciamento dos genes

Com as possibilidades tecnológicas do *high-throughput sequencing* [sequenciamento de alta taxa de transferência],[19] uma nova abordagem se desenvolve, mais diretamente, de forma maciça, sem hipótese prévia: nos indivíduos autistas, um sequenciamento completo da porção codificante do genoma foi realizado. Essa porção codificante, que contém os genes e dentro deles os códigos de informações-chave para a fabricação de proteínas, é designada pelo termo *exoma*.[20]

---

19 Sequenciamento de alta taxa de transferência — sequenciamento dos aparelhos e tecnologias da bioinformática, permitindo uma maior rapidez na leitura do código do DNA. O que levaria vários meses para ser decodificado pode agora ocorrer em poucos dias.

20 Os próprios genes são formados por éxons e íntrons. Os éxons são as partes que contêm as informações necessárias para a fabricação

Assim, o exoma de 20 indivíduos autistas foi sequenciado recentemente, bem como o de seus pais (O'Roak *et al.*, 2011). Após essa investigação, 21 mutações ditas *de novo,* que, portanto, não foram transmitidas pelos pais, foram encontradas, 11 delas tendo influência sobre a síntese de proteína correspondente. Entre os genes que têm um papel potencialmente importante nas manifestações clinicas autísticas foram encontradas quatro mutações (genes FOXP1, GRIN2B, SCN1A, LAMC3). Desse estudo, os autores extraíram uma hipótese "multi-hits", que postula a existência de vários acontecimentos genéticos distintos que contribuem para o risco de desenvolver a afecção. Um ano mais tarde, essa mesma equipe de pesquisa propôs, após o sequenciamento genômico de 2446 autistas, que as mutações mais frequentemente encontradas em seis genes (CHD8, DYRK1A, GRIN2B, TBR1, PTEN et TBL1XR1) pudessem contribuir possivelmente com 1% dos casos de autismo esporádico (O'Roak *et* al., 2012).

O "modelo multi-hits" é, portanto, visto como a combinação de variações em certos genes, associados às mutações ou a microdeleções em outros genes; alguns arriscam, então, a hipótese de que

---

das transcrições do RNA, e, portanto a fabricação de proteínas pelas células. A totalidade dos éxons de todos os genes forma o exome. O sequenciamento do exome, que representa apenas uma fração do genoma completo, é menos caro e menos completo que o sequenciamento completo de um genoma.

o desenvolvimento do autismo seria a consequência dessas interações genéticas complexas (Leblond *et al.*,2012). Nessa perspectiva, o autismo teria como origem a combinação de múltiplos acontecimentos gênicos raros. Em outras palavras, resultaria da convergência de vários disfuncionamentos.

Outros artigos centrados na análise do exoma — em mais de 900 indivíduos, afetados pelo autismo ou parentes não afetados em um caso (Sanders *et al.*, 2012) e em 175 autistas em outro (Neale *et al.*, 2012) — confirmaram que as mudanças genéticas encontradas unicamente nos autistas (ou seja, que não estavam presentes em seus parentes) eram insuficientes para explicar a doença. Após o sequenciamento do genoma de homens de diferentes idades foi possível colocar em evidência um aumento das mutações ligadas ao envelhecimento. Dessa maneira, a idade paterna no momento da concepção de uma criança foi evocada como sendo um parâmetro que poderia afetar a probabilidade de ocorrência do autismo e também da esquizofrenia (Kong *et al.*, 2012). Uma vertente dessa constatação parece fazer sentido: se as mutações se acumulam com a idade, e se encontramos mais mutações de todas as espécies no autismo, então as duas coisas podem estar vinculadas. Contudo, há um problema neste raciocínio: já que não há uma idade paterna que não seja acompanhada de mutações, a única solução seria recomendar gerar um filho numa tenra idade — talvez numa idade em que o pai em potencial nem seria ainda propriamente fértil.

Apesar do número de cromossomos explorados, dos genes candidatos sequenciados, da presença ou ausência de regiões suspeitas marcadas nos pacientes ou em seus parentes, foi difícil encontrar algo além de uma multiplicidade de regiões possivelmente envolvidas. Nenhuma delas pôde ser identificada como sendo diretamente a causa do autismo.

DE UMA CAUSA À OUTRA, E RETORNO

Após ter explorado as sequências genômicas em todos os seus estados — codificantes, não-codificantes, variáveis, direta ou indiretamente suspeitas de serem patogênicas —, passemos às hipóteses e pesquisas num nível mais elevado de complexidade.

Do exoma ao transcriptoma

Essas pesquisas atacam os produtos intermediários da codificação do DNA, isto é, as transcrições do RNA.[21] Lembremos que o RNA, originado dos éxons — parte codificante do genoma — é o intermediário necessário à fabricação das proteínas. Da mesma maneira que o exoma designa o conjunto dos éxons, o *transcriptoma* corresponde ao conjunto

---

21 Todo um mecanismo celular está envolvido na passagem de informação do DNA ao RNA, e em seguida à proteína. Como já observavamos, os RNA [ácidos ribonucleicos] contidos nos genes — como parte codificante do DNA — são os intermediários necessários à fabricação das proteínas.

das transcrições do RNA.[22] Na genética, como nas outras ciências, quando não se encontra o que se procura, se experimenta variar o nível da análise. Nesse caso, se desloca o foco para uma análise supostamente mais próxima da disfunção, da anomalia estudada. Seria então a análise do transcriptoma a chave do enigma?

Quer se trate de uma mutação ou de uma variante, a repercussão de uma mudança na sequência do DNA passa por sua transcrição em RNA. A mudança pode afetar a eficácia da própria transcrição, ou mesmo modificar a fabricação da proteína a partir da transcrição do RNA. Além disso, um mesmo gene pode dar origem a várias transcrições. Cada tipo celular e cada tecido pode fabricar transcrições específicas a partir de um mesmo gene, com a finalidade de assegurar a função biológica que lhe é própria. Se um gene pode, assim, estar na origem de várias transcrições, o transcriptoma se revela ainda mais variável que o genoma e ainda mais complexo em sua diversidade. Com efeito, cada órgão ou tecido pode interpretar o genoma segundo suas próprias funções e produzir um transcriptoma diferente para cada órgão.

Ora, para estabelecer uma conexão entre as diferenças de expressão gênica nos estudos compa-

---

22 Os RNA são constituídos também por quatro nucleotídeos de base (adenina, guanina, citosina e uracila), que têm igualmente uma sequência que lhes é própria, retirada dos éxons que compõem os genes do DNA.

rativos — por exemplo, entre os sujeitos autistas e o os sujeitos não autistas —, seriam necessários grupos e protocolos ainda mais vastos que os de estudos diretos do genoma. Além disso, uma vez que a expressão gênica varia segundo os tecidos, a escolha destes é determinante. Recorre-se a hipóteses que levam a complexidade cada vez mais longe, nos obrigando em um dado momento a apostar em determinado tecido e no transcriptoma que o caracteriza: qual deles teria a maior probabilidade de revelar a diferença biológica pesquisada entre os sujeitos autistas e o grupo de controle? É necessário, então, analisar o transcriptoma de uma região específica do cérebro, do cérebro todo ou de um outro órgão, para encontrar um traço de desregulação? Alguns estudos têm como alvo o cérebro, outros o sangue (Pierce *et al.*, 2012), esperando, assim aproximar-se de uma detecção sanguínea do autismo.

A pesquisa das anomalias ao nível da fabricação dos RNA, denominadas "desregulações da transcrição", conduz igualmente a resultados pouco convergentes. Uma série de análises, realizadas com pessoas autistas e outras não, mostra, por exemplo, as diferenças ao nível do transcriptoma de uma família de genes que controla o ritmo biológico (Hu *et al.*, 2009). Outras análises enfocam uma família de genes envolvidos na proliferação celular e no metabolismo (Enstrom *et al.*, 2009), ou ainda a resposta do sistema imunológico cerebral (Voineagu *et al.*, 2011). Resultados são obtidos, mas estes não convergem para a identificação de um mesmo processo biológico.

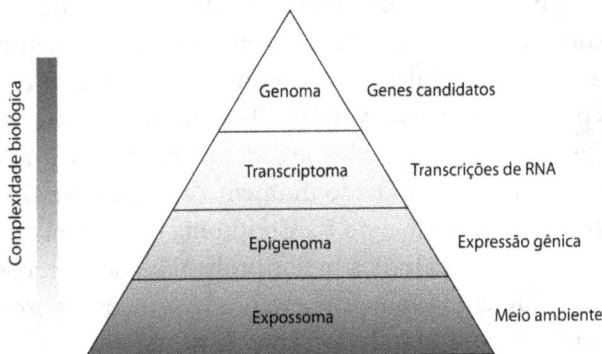

Fig. 4 - Heterogeneidade causal aos níveis das hipóteses biológicas

Recentemente, um estudo sobre o *nível de expressão*[23] dos genes candidatos ao autismo fez aparecer um perfil similar nas mães de crianças autistas e em seus filhos afetados, o que reativou o debate sobre a predisposição genética (Kuwano *et al.*, 2011) em direção ao transcriptoma. Tudo reverte ao genômico. A pesquisa dos processos de determinação genética parece oscilar como um ioiô entre diferenças extremas. Não se chega a reunir os resultados numa visão de conjunto. A heterogeneidade e o ca-

---

23 Trata-se aqui de definir uma assinatura biológica própria dos sujeitos autistas, por meio de uma quantificação de transcrições expressas a partir de genes correspondentes num dado tecido.

ráter multidimensional da determinação genética, ao contrário, parece prevalecer, como evidencia o esquema abaixo.

Os endofenótipos ou o autismo decomposto

A multiplicidade e a heterogeneidade dos fatores genéticos em jogo incitam os pesquisadores a efetuar os mesmos recortes utilizados pelas análises do genoma. Com efeito, o autismo termina sendo abordado, não como uma entidade global, mas a partir de traços característicos, ou *endofenótipos*[24] específicos — com a hipótese de que seriam geneticamente determinados. No quadro global do autismo, procura-se, então, distinguir diversos endofenótipos, isto é, isolam-se as características autísticas formando subcategorias clinicas — supostamente produtos diretos de uma determinação genética única. Segundo essa hipótese, cada endofenótipo teria seu determinante genético específico. O quadro global do autismo seria então constituído como um quebra-cabeça de endofenótipos e de determinantes genéticos.

---

24 Enquanto o DNA de um indivíduo corresponde ao seu genoma (ou genótipo) — com suas regiões codificantes (os genes) e suas regiões não codificantes — o fenótipo corresponde às características e propriedades de um indivíduo que podem ser medidas ou observadas. Um endofenótipo representa em si mesmo uma propriedade ou uma manifestação clínica mais específica, identificável ou objetivável do que o fenótipo, que é o quadro clínico no seu conjunto.

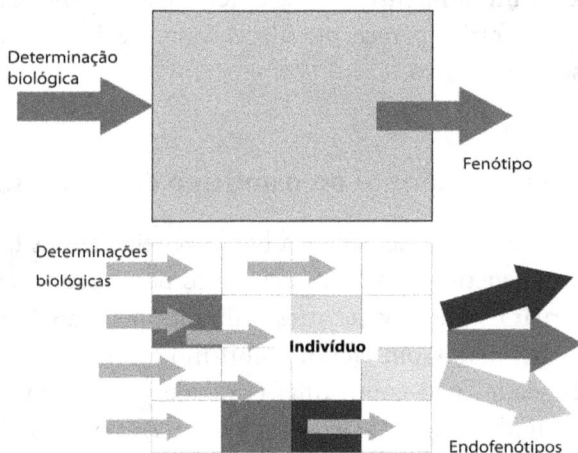

Fig. 5 - Fenótipo ou endofenótipos?

Dessa maneira, esse enfoque faz o quadro nosográfico do autismo explodir numa infinidade de endofenótipos acumulados. O autismo não seria mais uma patologia global cuja origem genética seria determinada, mas um mosaico de componentes considerados isoladamente: distúrbios da linguagem, comportamentos restritivos ou repetitivos, dificuldades de interação, de comunicação etc.

Além disso, considerando cada característica separadamente, os estudos incluem também todos os sujeitos afetados por um dado endofenótipo, sem que eles apresentem, no entanto, uma síndrome autística como tal.

De qualquer forma, desde que se iniciou a pesquisa dos fatores envolvidos nesses endofenótipos a questão dos genes candidatos e das variações da sequência (Bill *et al.*, 2009) retorna nas mesmas condições precedentes. Encontramo-nos, portanto, confrontando os mesmos problemas, num vaivém entre os diferentes níveis — o do DNA e o das transcrições do RNA — mesmo que se trate de elementos clínicos ou funcionais isolados. A idade de aparecimento das primeiras palavras pronunciadas pela criança foi utilizada, por exemplo, como endofenótipo para uma pesquisa de genes candidatos ao autismo (Alarcón *et al.*, 2008), ou, mais surpreendente, à empatia (Sucksmith *et al.*, 2013). Tem-se como alvo o mais preciso, o mais restrito, mas o limite entre o normal e o patológico, entre o grupo de controle e o grupo dos casos estudados, se torna cada vez mais tênue.

Poder-se-ia, verdadeiramente, esperar obter uma resposta a partir de um enfoque que visa associar cada característica clínica a um determinante genético, e em seguida agrupar esses determinantes para construir uma alegada simples relação de causa e efeito?

Uma multiplicidade de determinações "únicas"?

Através de todos esses estudos, a determinação genética permanece heterogênea, poligênica, sem um gene-chave. O recorte em múltiplas variáveis conduz a uma acumulação de dados esparsos e heterogêneos que não conseguimos reagrupar. Mede-se a complexidade do empreendimento. Percebemos, também, que ela está longe de ser confirmada, tal como podem supor certas afirmações sobre a causalidade genética em jogo no autismo.

Uma vez mais, somos levados a perguntar se o problema está do lado da clínica, ou da genética, ou se ele existe, precisamente, pelo desejo de combinar os dois. Dito de outra maneira, qual seria a influência da definição clínica do autismo — cuja extensão varia ao sabor das edições do *DSM*? E que influência teria a heterogeneidade dos fatores genéticos em jogo? A genética diferencia tanto os tipos como as associações de fatores possíveis em cada combinação que parece, finalmente, ser específica para cada caso. Assim, as pesquisas genéticas colocam em evidência múltiplas determinações únicas.

Cada autista seria, portanto, geneticamente determinado, mas de maneira específica e diferente, e não de modo universal. Poder-se-ia medir o aspecto paradoxal de tal conclusão, se chegássemos lá!

Lei da natureza, acaso e contingência

A iniciativa consiste em criar um todo a partir dos fragmentos esparsos, quer se trate de diagnósticos, de sintomas ou dos componentes específicos de cada sistema, pressupondo que uma lógica está em atividade e deve ser trazida à luz pelo método científico. Postulam-se as leis da natureza. As finalidades, também. Supõe-se que a organização dos fenômenos responda a uma lógica que lhe seria intrínseca e que deve ter um esclarecimento científico. E procuramos as leis de tal lógica. Quando não são encontradas, muda-se a hipótese ou o foco (por exemplo, explorando um nível mais restrito ou outro nível), mas mantendo sempre a ideia de uma lei ou de uma coerência inerente ao sistema estudado.

Alguns se inquietam diante dos resultados heterogêneos não relacionados uns aos outros. Consórcios cada vez mais importantes se desenvolvem, alimentando o entusiasmo e a esperança, mas também as desilusões e as decepções — até para as famílias, que terminarão por se cansar dessa abordagem genética como ocorreu com as abordagens psíquicas.

Contudo, no que toca ao indivíduo, não seria justamente a integração desses componentes heterogêneos que constituiria o seu caráter único? Das cadeias do DNA, passando pela célula ou pelo tecido e chegando à sua função ou disfunção, se infere uma entidade palpável que ainda está por ser demonstrada. E pensa-se que seria possível fazer o mesmo com o funcionamento psíquico. Ora, a constituição integrada da entidade parece sempre escapar. Nos deparamos, então, com um mecanismo sináptico, genômico, um conjunto de sinais... Contudo, mesmo se eles podem ser logicamente reduzidos a uma função, quando tomados um a um, eles não nos revelam a lei que os associa.

Além disso, tratar-se-ia realmente de uma lei? Crucial para o enfoque científico, será que a ideia de uma lei preexistente na natureza se aplicaria à passagem do biológico ao psíquico? Isto, sem mencionar, entre outros, os fenômenos de ruído de fundo, de oscilações temporais, do aleatório... seria a lei contrariada ou constituída pelo acaso e pela contingência? Haveria ou não uma lei na natureza? Esta questão não pode deixar de ser colocada quando a ciência se assenta na convicção de que a observação cada vez mais fina e precisa, como na genética, vai nos entregar as coordenadas da lei que procuramos. Para onde ir, para onde se virar, quando não se consegue encontrar a integração que produz a especificidade individual?

Vulnerabilidade aos fatores ambientais

Diante dos impasses genéticos, num novo movimento do pêndulo, volta-se para a hipótese dos fatores ambientais. Quanto ao ambiente, alguns fazem dele também uma coisa — como tentaram com o genoma, com o exoma ou o transcriptoma. O conjunto dos fatores ambientais, que se chama *expossoma,* é visto então como independente do tempo, ou seja, da história e até mesmo dos indivíduos. Após se ter postulado a existência de um *expossoma* definido, pesquisa-se sua contribuição para as determinações no indivíduo.

O expossoma pode ser determinante; alguns querem mesmo quantificar sua influência relativa — por exemplo, através do binômio "ambiente compartilhado x genoma compartilhado" — na predominância do autismo em gêmeos idênticos ou fraternos (Hallmayer *et al.*, 2011).

Mas o papel que desempenharia o expossoma junto ao indivíduo poderia ser, por sua vez, geneticamente determinado. Isso conduz, por exemplo, à hipótese de que alguns fatores genéticos tornariam o sujeito mais vulnerável a um dado expossoma. Se fosse esse o caso, o expossoma teria um papel de determinante indireto na gênese do autismo. A ação dos fatores ambientais sobre indivíduos com um genótipo específico teria efeitos mais deletérios do que sobre outros indivíduos, dotados de outra constituição genética. Assim, quando um estudo relata um aumento de risco de autismo associado à exposição pré-natal a um grau mais agudo de poluição ambiental na região de Los Angeles (Becerra *et al.*, 2013), isso subentende que apenas uma parte das grávidas expostas dão a luz a uma criança autista, pois cada um tem uma vulnerabilidade individual diferente.

Note-se, em todo caso, que a determinação ambiental e a determinação genética ao invés de serem opostas, são passíveis de compartilhar a mesma lógica causal.

Modificações epigenéticas

Denominam-se "modificações *epigenéticas*",[25] as mudanças induzidas pelo ambiente, ao nível da expressão dos genes. Nesta concepção, o ambiente é entendido no sentido amplo, englobando tanto os fatores tóxicos como os físicos ou relacionais. Esses fatores ambientais resultam na produção do que se nomeia como traços epigenéticos. Em suma, essas mudanças não modificam a sequência de uma porção genômica, mas consistem em modificações físico-químicas diversas, como a acetilação, a fosforilação de histonas, os microRNA e a metilação de uma sequência de um dado DNA.

Assim, o genótipo sob o efeito do ambiente e das modificações epigenéticas resultantes torna-se o *epigenótipo*. Daí a questão: haveria um epigenótipo determinante no autismo? Ao invés de partir para a investigação do gene, o foco recai sobre o epigenoma. Alguns também propõem o termo "epigenopatias", do qual faria parte o autismo (Millan *et al.*, 2013). Quer se trate do epigenético, do genoma ou do transcriptoma, trata-se, de fato, sempre da

---

25 Considera-se há alguns anos que essas mudanças podem ter um papel importante na adaptação do organismo a algumas condições exteriores, mas também participar do desenvolvimento de certas doenças. Esses fenômenos podem ser devidos a diferentes modificações (acetilação, fosforilação de histonas, microRNA, metilação), que têm em comum uma mudança na compactação do DNA em três dimensões. A metilação do DNA é, no momento atual, o fenômeno epigenético melhor caracterizado; e consiste numa modificação química adicional de algumas citosinas.

mesma lógica.

Alguns se lançam, então, na busca do expossoma pré-natal. Nos situemos, então, no *epi-*, e no *pré-*. O ambiente pré-natal e seus efeitos a longo prazo sobre o epigenoma, tornaram-se objeto de numerosas hipóteses (Szyf, 2009) — como a da exposição química, do estresse maternal, da nutrição... Um modelo chamado "LEARn" (*Latent Early-life Associated Regulation*) tem sido proposto da seguinte forma: ele postula a ideia de que mudanças na expressão de genes específicos durante o desenvolvimento precoce poderiam ter efeitos latentes, até a o momento emde que os fenômenos ambientais viriam, posteriormente, durante a vida, a revelar sua patogenicidade (Lahiri *et al.*, 2009).

O *come-back* do ambiente

Tudo se torna possível se se associa o ambiente ao genoma, seja no pré-natal ou no pós-natal. Mede-se o efeito biológico de variáveis ambientais localizadas como deletérias. A gravidez torna-se um momento de risco epigenético — e o é certamente, tanto positivo quanto negativo. Nesta perspectiva, cada marca pode ser interpretada como um elemento determinante ou preditivo. Com a epigenética, no momento mesmo em que a genética parecia permitir à biologia ultrapassar o determinismo ambiental, o impacto biológico das variáveis ambientais retorna à gênese de múltiplos transtornos!

Hoje em dia ouve-se falar de causas epigenéticas por todos os lados. É também uma área onde a investigação se desenvolve fortemente. Assim, toma consistência, paralelamente, um *todo genético* e um *todo epigenético*, que subentende um *todo ambiental*. Diante desse retorno do meio ambiente ao debate genético, pode-se perguntar por que ele havia sido descartado.

Se as marcas de metilação do epigenoma podem ser medidas, suas consequências sobre a expressão gênica podem sê-lo igualmente. No entanto, essas marcas tem a propriedade de serem lábeis, e portanto, potencialmente reversíveis, mas também eventualmente transmitidas através das gerações (Stouder *et al.*, 2011). Mais uma vez somos confrontados com determinantes mensuráveis, transmissíveis, mas também reversíveis ou variáveis em função do tempo ou do meio ambiente químico, tóxico, físico, social...

Plasticidade biológica ou novo determinismo?

Assim como pode ser considerada uma demonstração biológica do adquirido, do patrimônio modulável e por vir, e até mesmo uma "liberdade" do vir a ser, a epigenética é, contudo, objeto de uma distorção que tende a produzir um novo determinante. Na ausência da evidência dos determinantes genéticos causais do autismo, compensa-se a não-compreensão por uma causalidade "vinda do exterior". O recurso ao meio-ambiente modifica a ligação causal em jogo, mas a fixa igualmente. As propriedades da labilidade ou reversibilidade, que são o próprio fundamento dos fenômenos epigenéticos, são finalmente relegadas ao posto dos parâmetros negligenciados.

Não se poderia, pelo contrário, chegar a imaginar que as intervenções psicoterapêuticas pudessem modular o epigenoma? Enquanto a tendência é antes reduzir o autismo a um determinante genético considerado inevitável,[26] essa passagem da genômica à epigenética não poderia servir para se readquirir o direito a um apoio clínico, psicoterapêutico e psicanalítico?

Tratamentos biológicos do autismo: a questão da diferença

Ficamos perdidos com as causalidades possíveis do autismo, e o mesmo ocorre em relação aos tratamentos. Procura-se relacioná-los a uma hipótese em ascensão, relativa a um fator causal. Supõe-se causas e tenta-se novos tratamentos, mas estes não convergem necessariamente para a causa invocada.

---

26 Pelo menos em se tratando de engenharia genética — uma vasta e complexa problemática que não abordaremos aqui.

Ou, ao contrário, os tratamentos são orientados para os sintomas, que são tratados sem que se tenha necessariamente isolado a sua causa. E através de que medimos e avaliamos um tratamento? Das habilidades sociais, da integração, do bem-estar subjetivo, dos desempenhos verbais, do reconhecimento facial das emoções, aquilo que é relatado pelo indivíduo ou aquilo que é medido pelo investigador? Chegar-se-ia até mesmo, às vezes, a efetuar medições num meio ambiente de "realidade virtual" (Bekele *et al.*, 2013) para compreender melhor o que se poderia aprimorar na realidade real?

É nesse ponto que estamos com os ensaios terapêuticos. Tomemos o exemplo da oxitocina, que teria um efeito que favoreceria o comportamento social, característica deficitária no funcionamento do autista. A oxitocina teria também efeitos psicoestimulantes. Nessa base, os ensaios clínicos pilotos são então desenvolvidos através da administração da oxitocina por meio de spray nasal, tudo isso baseado em estudos que têm demonstrado, em certos autistas, uma alteração no nível de expressão do receptor de oxitocina. Outros estudos, genéticos, demonstraram as deleções/ duplicações no gene receptor da oxitocina em alguns pacientes autistas. Os ensaios terapêuticos mostram a ausência de efeitos indesejáveis maiores, sugerindo uma melhora na cognição social após seis semanas de tratamento (Anagnostou *et al.*, 2012). No entanto, também é relatado que os níveis plasmáticos elevados de oxitocina nos adolescentes autistas estão relacionados a uma maior ansiedade, o que sugere que os mecanismos de ação da oxitocina dependem do sexo. Os resultados contradizem, portanto, a hipótese dos níveis plasmáticos reduzidos de oxitocina no autismo (Miller *et al.*, 2013). Enfim, dezenas de estudos terapêuticos que utilizam a oxitocina estão em andamento, em particular para o autismo e para a esquizofrenia. Contudo, os efeitos a longo prazo da administração da oxitocina sobre o cérebro em desenvolvimento não são ainda conhecidos; os perigos da oxitocina sugeridos por alguns investigadores, porém, fazem pouco ruído se comparados às esperanças que essa molécula suscita.

Estão também, em desenvolvimento estudos clínicos em pacientes utilizando muitas outras moléculas, como os antidiuréticos, antifúngicos, anti-inflamatórios, antioxidantes, vitaminas e diferentes antipsicóticos, anticonvulsivantes e outros, todos focalizados na neurotransmissão (Kumar *et al.*, 2012). Vemos que a proliferação das abordagens terapêuticas ultrapassa a pesquisa das causas em todas as direções; a heterogeneidade do autismo e dos grupos de pacientes diagnosticados como autistas não permitem visualizar outra coisa que não os atendimentos personalizados, em razão da singularidade de cada autista, quer esteja do lado das características genéticas, quer das neurobiológicas ou psíquicas. Encontramos, portanto, ao nível da terapêutica farmacológica, os mesmos impedimentos em relação à etiologia desses transtornos que nos obrigam a considerar, em primeiro lugar, a unicidade de cada autista e as diferenças que o distinguem dos outros, incluindo o plano genético.

Os ENIGMAS DA SINGULARIDADE

> *CAPITÃO: Falo de minha própria experiência. A verdade, nada mais que a verdade. Nenhuma ficção.*
>
> *SR. MARTIN: Isso mesmo. A verdade nunca é encontrada em livros, somente na vida.*
>
> Eugène Ionesco, "A Cantora Careca", Cena VIII

As pesquisas genéticas sobre o autismo esbarram, hoje em dia, na impossibilidade de encontrar uma relação causal simples entre bases genéticas e os fenômenos clínicos: os dados contemporâneos conduzem, ao contrário, a uma fragmentação do campo do autismo, com múltiplas relações de causa e efeito difratadas ao infinito, tocando apenas peças heterogêneas do quadro.

Resumindo, não se pode atualmente definir para o autismo bases genéticas aplicáveis a todos; ao contrário, estas são frequentemente únicas, específicas para cada caso ou eventualmente limitadas a alguns indivíduos. A genética do autismo nos leva de fato ao registro que é o título deste livro: *a cada autista, o seu genoma.*

A investigação de um todo universal que determinasse o autismo se depara, com efeito, com aquilo em que, autista ou não, cada um de nós é único: resta saber em que a questão da unicidade converge ou não para a da singularidade, que está no centro da psicanálise e de sua clínica. É o que se trata de articular.

Do lado da incerteza

Por que a compreensão científica do autismo não chega a se arranjar com as noções de variabilidade e de incerteza? Haveria algum lugar para a incerteza no irrefutável visado pela ciência? Seria necessário assimilar mais ou menos como heresia aos olhos da ciência o acaso, o estocástico, o *de novo*? Tornar-se-ia então a psicanálise o domínio do incerto, se comparada à genética, a ciência da certeza?

A problemática do incerto, com a questão das mutações, por exemplo, é, contudo, central na genética. Para corresponder à sua exigência de cientificidade, ela deve levar em conta essa dimensão. Pode haver uma ciência do incerto? Já que há efetivamente uma ciência do provável, o incerto e seu aparecimento inesperado expõem a ciência a críticas espinhosas, na medida em que esta, supostamente, fornece resultados que foram submetidos a todas as objeções possíveis, de tal sorte que possam finalmente ser considerados irrefutáveis. Tende--se, então, a promover uma região cromossômica, uma mutação ou um nucleotídeo variável do DNA como uma conclusão experimental, e não apreendê-la como um objeto que pode ser debatido. O incerto tende, assim, a desaparecer no irrefutável que busca absorvê-lo.

Ao cabo de nossa crítica metódica dos estudos genéticos sobre o autismo, é preciso portanto constatar que suas conclusões — para além daquilo que algumas interpretações de dados nos fazem supor — estão longe de atender suas ambições. A comparação desses estudos mostra que esbarram em contradições e se abrem a múltiplas interpretações e novas complexidades.

Os avanços dessas pesquisas empurram sempre para mais longe um real que lhes escapa. Por falta de delimitação do suposto gene do autismo, analisa-se o transcriptoma, que não revela tampouco uma causalidade simples. O mesmo ocorre com o possível papel do meio ambiente: a complexidade encontrada ao nível do expossoma não é menor do que a do genoma ou do transcriptoma. Procura-se aquilo que se repete para apreender o que determinaria o autismo, mas a incerteza não para de crescer com os resultados encontrados. Finalmente, recaímos num elo perdido, um resto subtraído à compreensão.

Estaríamos tocando um limite intrínseco ao enfoque científico? Se sim, seria necessário reconhecê-lo e admiti-lo, ou continuar a busca? Decidir não procurar, ou não querer saber, como sugere Hannah Arendt,[27] é uma atitude em si mesma. Isso não satisfaz, no entanto, a promessa do saber associada às possibilidades oferecidas pela tecnologia, que nos dá a esperança de sempre podermos nos aprofundar por mais tempo na exploração e reduzir esse real que nos escapa e que reencontramos incessantemente. Reconsiderar os saberes após tê-los adquirido é, portanto, um passo fundamental que contribui para restaurar a humanidade e a nobreza da genética.

Um ponto de encontro entre a genética e a psicanálise?

As pesquisas genéticas são convocadas com a esperança de vir-se a isolar um fator causal biológico ao invés de psíquico. A ideia de uma determinação genética é experimentada como desculpabilizante, notadamente com relação às mães que, muito frequentemente, foram designadas como estando na origem da evolução autística de seus filhos, e como tal consideradas como um distúrbio da relação precoce. Tenta-se, assim, passar de um fator

---

27 *Cf.* Arendt H. La condition humaine. *Condition de l'homme moderne* [1958]. Paris: Calmann-Lévy, Pocket, 2007, pp. 41-57.

causal psíquico para um fator causal biológico. Mas seria a detecção de uma causa genética, quer seja transmitida pelos pais ou resultado de novas mutações no decurso da gametogênese ou da concepção, realmente tão desculpabilizante? E se assim for, em quê?

De qualquer forma, viu-se o quanto é difícil apontar essa causa genética pretensamente única. Pode-se mesmo perguntar se ela existe realmente. Os progressos atuais da genética levam, antes de qualquer coisa, a uma heterogeneidade multifatorial — que contrasta radicalmente com uma causalidade linear tal como se imagina, ao convocar-se uma base genética como fundamento de um distúrbio psíquico. E para além da investigação de um fator causal, os resultados genéticos colocam em dúvida a própria ideia de uma relação linear e contínua entre causa e efeito.

Atualmente, a genética enfatiza, sobretudo, as variações individuais, não aplicáveis a todos os autistas. Demonstra que existem algumas determinações genéticas, mas estas são sempre diferentes, próprias de cada caso. Eis-nos de volta ao caráter único de cada indivíduo. O autismo não pode mais ser atribuído a uma constelação genética específica. Isto implica que, no plano genético, cada autista deve ser considerado por si mesmo, e não por sua doença denominada "autismo".

Se cada autista tem sua base genética particular, isso faz com que também se reconheça sua singularidade. Diante dos resultados mais contemporâneos da genética do autismo, tratar-se-ia, então, de colocar em jogo uma clínica do caso a caso, do *um por um,* como a promovida pela psicanálise, que visa, justamente, a mais irredutível singularidade do sujeito.

De maneira surpreendente, a pesquisa genética de ponta reintroduziu no centro do debate sobre o autismo questões semelhantes às da clínica psicanalítica. Se não existe um mapa genético universal cuja codificação valeria para todos os autistas, trata-se de acessar as características da versão particular de cada um. Em genética — e mesmo dentro da clínica analítica — trata-se de inventar um tratamento *à la carte,* sob medida.

O geneticista e o psicanalista são assim conduzidos a se encontrarem de maneira inesperada ao redor da especificidade individual, recolocada no centro do debate pela própria genética, entre CNV, expossoma e transcriptoma. Para além dos determinantes isolados e da definição genética complexa, multifatorial e heterogênea do autismo, é ao sujeito que devemos encontrar, em suas dimensões enigmáticas, sempre diferentes, sempre únicas. Esta constatação convida a encarar o enigma do autismo caso a caso, e a recuperar as vias da clínica como experiência da singularidade enquanto tal: uma clínica sem *a priori,* mas não sem pontos de referência, tal como propõe a psicanálise.

A lógica dos pontos de contato

Genética e psicanálise não têm, contudo, nenhuma medida comum. Estes dois domínios diferem massivamente sob todos os aspectos, e em particular quanto a seus campos de exploração, seus métodos de investigação, seus objetivos, suas premissas, seus respectivos vocabulários onde os homônimos são certamente os mais enganosos. Entretanto, parece possível confrontá-los e mesmo fazê-los dialogar, como sugerimos, em torno das questões homólogas que constituem pontos de contato entre esses dois campos. Estes pontos de contato se abrem igualmente sobre abismos vertiginosos, encontrados paralelamente na genética e na psicanálise. Apesar de utilizar caminhos completamente diferentes, essas duas disciplinas podem se encontrar, assim, associadas em torno de questões próximas. Enfrentar essas questões obriga, no entanto, a pensar no incomensurável — um exercício difícil a que o presente trabalho se propõe.

Um desses pontos de contato afeta a produção do único, que se encontra, doravante, no centro dos debates sobre o determinismo genético. Colocada no centro, a questão da produção da diferença interindividual tende a suplantar a da reprodução do idêntico. Desde o nascimento da disciplina, as pesquisas vinham privilegiando a problemática da repetição do mesmo, com o objetivo de conhecer os mecanismos envolvidos em certas doenças e abrir caminhos de tratamento possíveis, precisamente sob a perspectiva de colocar um final naquilo que se repete. Mas os avanços da genética têm tropeçado cada vez mais naquilo que nos faz semelhantes — nós, humanos, mas também mais amplamente na proximidade com as espécies vivas, incluindo as vegetais, provocando uma nova surpresa epistemológica. Comprova-se, finalmente, que o que nos confere a identidade é, em primeiro lugar, o que nos distingue do outro. O discurso sobre o idêntico resultou, portanto, numa reflexão concernente à diferença. De toda maneira, o semelhante se define sempre em relação ao outro. Hoje, aquilo que distingue o semelhante e o outro, o idêntico e o diferente, aquilo em que se baseiam esses registros, constitui um questionamento crucial, tanto em genética quanto em psicanálise, mesmo que sejam tratados de maneira muito diversa em cada um dos dois campos.

Unicidade x singularidade

Seria a produção do único e do diferente, tal como previsto pela genética, da mesma ordem que a questão da singularidade tal como se coloca na psicanálise? A unicidade não é a singularidade. Na genética, a produção do único é apreendida em termos de determinismo causal. A singularidade, em psicanálise, concentra-se na resposta do sujeito diante do real ao qual ele é confrontado.[28]

O registro da causalidade é, portanto, abordado de forma diversa pela genética e pela psicanálise. A causalidade genética procede de um encadeamento linear e contínuo, determinado e determinante; a psicanálise envolve o sujeito e sua criação sempre inesperada, ligada a uma lacuna irredutível entre a causa e o efeito,[29] como fundamento da própria noção de sujeito.

Para o clínico, o sujeito é sempre uma aposta, não uma variável objetivável. Levar em conta, por exemplo, as estereotipias como uma produção do sujeito — supor que a estereotipia é posta em ação por um sujeito — é muito diferente de pensá-las como o sinal de um déficit. Interrogar-se sobre o momento em que ocorre a estereotipia, pensá-la como uma resposta defensiva do sujeito autista diante do insuportável que o cerca, é se dar a oportunidade de identificar uma lacuna inesperada na repetição do mesmo e tomar esse sinal como uma possível alavanca no trabalho clínico. Longe de reduzir o comportamento do sujeito a uma disfunção inadaptada a ser normalizada, a psicanálise é

---

28 Aqui seguimos Jacques Lacan quando ele indica que "da nossa posição de sujeito, somos sempre responsáveis" (Lacan J. "A ciência e a verdade" [1966]. Écrits. Paris: Seuil, 1966, p. 858).

29 Como enuncia igualmente J. Lacan "sobra essencialmente na função da causa uma certa *hiância* [;] há um buraco, e algo que vem oscilar no intervalo. Em suma, só existe causa para o que manca." (Le Séminaire, livre XI. *Les Quatre Concepts fondamentaux de la psychanalyse* [1964]. Paris: Seuil, 1973, pp. 24-25).

uma aposta epistemólogica e ética sobre a clínica. É, também, uma recusa a esvaziar o sujeito e reduzi-lo à categoria na qual ele foi classificado, considerá-lo não só através de suas deficiências e incapacidades que ele trataria de atenuar com supostas soluções universalizantes, tratamentos aplicáveis a todos e protocolos padronizados.

Se um indivíduo tem seu organismo afetado isso não define de antemão o sujeito que resultará disso. E este não pode ser programado, prescrito por métodos *a priori*: o sujeito pode apenas ser suposto, ainda mais que ele surgirá de surpresa, através daquilo que se manifesta de forma sempre inesperada, geralmente num registro diferente daquele onde ele era esperado. Apenas a clínica, como experiência da singularidade como tal, permite preservar o lugar da surpresa para ao menos acompanhar o sujeito em suas invenções, nas soluções que ele escolhe, através de suas próprias bricolagens que o afastam da estrutura da qual ele emerge, seja ela psíquica ou genética.

Entre o um e o múltiplo: uma lei na natureza?

Outro ponto de contato enfoca a hipótese da existência de uma lei na natureza. Classicamente se opõe o real da ciência ao da psicanálise, apontando que o real desta última é sem lei,[30] contrariamente ao da ciência. Conseguiríamos fazer emergir uma lei natural que religasse os fragmentos de causalidade, isolados a partir da exploração genética do autismo? Existe aí um vácuo, e nada hoje em dia permite afirmar que será superado. Se a física é efetivamente matematizável — se a natureza é efetivamente escrita na linguagem matemática, como supõe a ciência de Galileu[31] —, a biologia seria antes *literalizável*, para seguir a excelente formulação proposta por Jean-Claude Milner.[32] Para ele com efeito, "a ciência biológica no momento é literalizada, e não matematizada".[33] Não se trata, talvez — prossegue J-Cl. Milner — de uma etapa do desenvolvimento de uma ciência ainda jovem, e pode ser que "esse deslocamento seja de um porte considerável".[34] Isto

---

30 *Cf.* Lacan J. Le Séminaire, livre XXIII, Le Sinthome [1975-1976]. Paris: Seuil, 2005, p. 137: "(...) o real, é preciso dizê-lo bem, é sem lei". Cf. também Miller, J.-A. Le réel est sans loi. *La Cause freudienne*, nº 49, novembro de 2001, pp. 7-19.

31 *Cf.* Koyré A. *Du monde clos à l'univers infini* [1957]. Paris: PUF, 1962.

32 Entrevistado por Fabian Fajnwaks e Juan Pablo Lucchelli em *Clartés de tout*, Jean-Claude Milner convida a psicanálise a se pôr à prova nas versões não reducionistas dos avanços recentes da ciência e a tirar conclusões quanto à sua própria teorização: "Há de fato duas questões ao menos: (a) as novas informações fornecidas pela genética modificariam ou não a teoria e a prática da psicanálise?; (b) a eventual emergência de um novo paradigma científico modificaria ou não as referências à ciência moderna na psicanálise?" (Paris: Verdier, 2011, pp. 67-68.)

33 Idem, p. 17.

34 J-Cl. Milner acrescenta a essa proposta: "Um galileismo do ser

interroga de todo modo o mérito da esperança de se conseguir, de uma vez por todas, isolar uma lei natural geral que permita reunir todos os fragmentos de causalidade atualmente identificados a partir da exploração genética do autismo. Temos mostrado que uma tal lei não parece prestes a ser encontrada. A explosão dos resultados prevalece, sem que nada nos permita afirmar que existe efetivamente uma lei que os conecte entre si.

Nossa visão geral das pesquisas genéticas sobre o autismo mais avançadas nos obriga, em todo caso, a constatar a ausência de uma simples relação de causa e efeito entre as bases genéticas, um quadro neurobiológico ou do neurodesenvolvimento e o fenômeno clínico propriamente dito: os dados contemporâneos conduzem antes a uma difração do campo, onde as múltiplas relações de causa e efeito se repercutem ao infinito afetando apenas as partes heterogêneas.

Temos mesmo por vezes a impressão de reencontrar as questões colocadas em O Sonho de D'Alembert, de Diderot, sobre o todo e o um,35 o

---

vivo está prestes a se constituir. Levar isso a sério obrigaria o discurso lacaniano a se mexer". (Idem, p. 18.)

35 Cf. Diderot D. *Le Rêve de d'Alembert*. Paris: Garnier-Flammarion, 2002, pp. 85-89; nos referimos também aos desenvolvimentos de Jacques-Alain Miller a esse respeito: "Isso vos coloca na atmosfera do sonho de d'Alembert, onde vocês veem progressivamente o Um tornar-se múltiplo e o múltiplo ser um, enfim, uma perpétua reversibilidade do um ao outro". (Biologie lacanienne et événement de corps. *La Cause freudienne*, nº 44. Fevereiro de 2000, p. 9.)

múltiplo e o outro. O que constitui o Um? Em que se baseia a alteridade? Como captar a solução de continuidade que separa radicalmente o um e o outro? Não seria o todo uma ilusão? Lembramos que Diderot utiliza a imagem de um enxame de abelhas que pode tomar uma forma global — de um animal ou de um homem, por que não? — pois com efeito é formado por uma multidão! É múltiplo o Um? Ou o múltiplo seria Um? Existiria uma lei que rege a conexão entre o um e o múltiplo? Entre o um e o outro?

Que conexões existiriam entre os elementos múltiplos e discrepantes capazes de formar a base do autismo segundo a genética e a biologia? Seria o quadro do autismo como o exame de abelhas evocados por Diderot? Estariam esses múltiplos elementos incluídos no Um sob uma mesma lei que os governaria? Poderia a multiplicidade dos mecanismos, além de sua simples justaposição, lançar-se num quadro clínico unificado? É interessante ressaltar que as questões hoje levantadas pelo autismo já eram formuladas no século XVIII, sob outra forma, é claro, mas nos mesmos termos. Em lugar de chegar a uma unificação, as pesquisas genéticas colocam em evidência a heterogeneidade e a multiplicidade. Todos os tipos de relações de causa e efeito podem ser construídos sem que estejam conectados, portanto, por uma lei biológica global. As pesquisas contemporâneas em genética levam a decompor a unidade da síndrome autística, que se dispersa em uma nuvem de subsíndromes, todas diferentes, únicas, sem que se entenda as conexões que poderiam uni-las.

Ou seria então necessário encarar definitivamente o fato de que, havendo bases genéticas do autismo, estas seriam — como temos argumentado — únicas, próprias de cada um?

Estaremos em um momento de mudança de paradigma? Estaremos prestes a assistir a uma espécie de revolução da genética pelo viés do autismo? Assim como a psicanálise é atualmente posta em dúvida para o tratamento do autismo, pode ser que a genética também seja afetada. As apostas estão abertas sobre o que se seguirá a essas desarticulações e as interrogações que delas se deduzem. Existem, certamente, na genética hoje todos os sinais de uma revolução científica, na concepção de Thomas Samuel Kuhn:[36] um paradigma nas ciências pode se revelar muito eficaz durante certo tempo, tal como o paradigma do todo genético, mas, progressivamente, este termina por esgotar-se, não produzir mais nada e se quebrar. Como consequência, a ciência é invadida por paradoxos e deve-se, então, por um tempo, se pensar no incomensurável, até que eventualmente um novo paradigma seja inventado.

Estaríamos no limiar de mudanças desse tipo, susceptíveis de afetar a ligação entre a ciência e a psicanálise? Nossa época é forçada a repensar uma série

---

36 Cf. Kuhn T.S., *La structure des révolutions scientifiques* [1970]. Paris : Flammarion, coll. Champs, 1983.

de oposições clássicas. O autismo deve ser, certamente, completamente revisitado, tanto no campo da ciência quanto no da psicanálise, duas abordagens que usualmente se opõem. Esses dois enfoques do real poderiam mesmo, talvez, reciprocamente se iluminar de maneira surpreendente. Quanto ao real produzido pela ciência, à medida que ela tenta captá-lo, convergiria mais do que querem nos fazer crer para o real isolado pela psicanálise?

O autismo, um enigma para a modernidade

Nossa época procura estabelecer protocolos de tratamentos padronizados, presumidamente adaptados ao tratamento de todos os autistas — como processos congelados que deveriam, então, ser inculcados nas pessoas para dar-lhes suporte. Tal perspectiva ignora a heterogeneidade e a multiplicidade de determinações cada vez mais específicas, postas em evidência pelas pesquisas genéticas em torno do autismo. Ao contrário desses projetos que assumem o comando do autismo de maneira padronizada, a psicanálise se encontra finalmente mais congruente com os avanços genéticos, pelo fato de oferecer um campo clínico específico para acolher cada autista tal como ele se apresenta, conforme a sua singularidade. Com efeito, esta é exatamente a aposta da clínica psicanalítica: abrir espaço para permitir um encontro possível, diferente a cada vez.

A necessária consideração daquilo que faz a irredutível especificidade de cada ser humano se impõe, de resto, a partir dos recentes desenvolvimentos da genética — que, ressaltemos de passagem, nada têm a ver com as ideias reducionistas, por assim dizer, derivadas da genética e tão amplamente divulgadas nos debates midiáticos em torno do autismo.

Podemos, também, nos perguntar por que o autista ocupa tal lugar no estado de pânico dos discursos contemporâneos, focalizando interesses passionais até se encontrar, por assim dizer, colocado na frente do palco, onde se torna uma figura quase emblemática da nossa sociedade. Em um mundo onde o cérebro está permanentemente *online*, onde cada um está "conectado", ligado continuamente nas redes virtuais que, através de múltiplos gadgets, o mantêm ocupado nos planos visual e auditivo enquanto o separa dos demais, como pode o sujeito autista, que aparece totalmente isolado e desligado do mundo, tornar-se uma figura paradigmática? A suposta "epidemia" do autismo se esclarece, talvez diferentemente, à luz dessas considerações.

A crise que se precipitou em torno do autismo, das teorias e das práticas relacionadas a ele, parecem, portanto, levar a convergências completamente inesperadas entre campos heterogêneos e sem medida comum, como a genética e a psicanálise. Para além das polêmicas, das apropriações políticas que as acompanham e da explosão de conhecimentos que acarretam, apostamos no novo que poderia surgir. Pensa-se em esmagar a psicanálise com a genética, e eis que os impasses da genética provocam o redescobrimento das questões da psicanálise e sua necessidade. O autismo, certamente, ainda não parou de nos surpreender! E se a psicanálise se tornasse um dos futuros da genética?

REFERÊNCIAS BIBLIOGRÁFICAS
PESQUISAS GENÉTICAS SOBRE O AUTISMO

ALARCÓN, M.; ABRAHAMS, B.S.; STONE. J.L.; DUVAL. J.A.; PEREDERIY J.V.; BOMAR J.M. *et al.* Linkage, association, and gene-expression analyses identify CNTNAP2 as an autism-suceptibility gene. *The American Journal of Human Genetics,* 2008, vol.82, nº 1.

AMERICAN PSYCHIATRIC ASSOCIATION, *DSM-IV--TR.* Diagnostic and Statistical Manual of Mental Disorders, Fourth Edition, Text Revision, Washington, D.C., American Psychiatric Association, 2000.

ANNEY, R.; KLEI, L.; PINTO, D.; REGAN, R.; CONROY, J.; MAGALHAES, T.R. *et al.* A genome-wide scan for common alleles affecting risk for autism. *Human Molecular Genetics,* 2010, vol.19, nº 20.

ANAGNOSTOU, E.; SOORYA, L.; CHAPLIN, W.; BARTZ, J.; HALPERN, D.; WASSERMAN, S.; WANG, A.T.; PEPA, L.; TANEL, N.; KUSHKI, A.; HOLLANDER, E. Intranasal oxytocin versus placebo in the treatment of adults with autism spectrum disorders: a randomized controlled trial. *Molecular Autism,* 2012.

Becerra, T.A.; Wilhelm, M.; Olsen, J.; Cockburn, M.; Ritz, B. Ambient Air Pollution and Autism in Los Angeles County, California. *Environment Health Perspectives.* March, 2013.

Bekele, E.; Zheng, Z.; Swanson, A.; Crittendon, J.; Warren, Z., Sarkar, N. Understanding How Adolescents with Autism Respond to Facial Expressions in Virtual Reality Environments. *IEEE Transactions on Visualization and Computer Graphics.* 2013.

Bessa, C.; Maciel, P.; Rodrigues, A.J. Using C. Elegans to Decipher the Cellular and Molecular Mechanisms Underlying Neurodevelopmental Disorders. *Molecular Neurobiology,* 2013 Mar 14.

Bill, B.R.; Geschwind, D.H. Genetic Advances in Autism. Heterogeneity and Convergence on Shared Pathways. *Current Opinion in Genetics & Development,* 2009, vol. 19, n° 3.

Buxbaum, J.D.; Daly, M.J.; Devlin, B.; Lehner, T.; Roeder, K.; State, M.W. Autism Sequencing Consortium. The Autism Sequencing Consortium: Large-Scale, High-Throughput Sequencing in Autism Spectrum Disorders. *Neuron,* 2012.

CORVIN, A.; DONOHOE, G.; HARGREAVES, A.; GALLAGHER, L.; GILL, M. The Cognitive Genetics of Neuropsychiatric Disorders. *Current Topics in Behavioral Neurosciences,* 2012, vol. 12.

Cross-Disorder Group of the Psychiatric Genomics Consortium. *Lancet,* Feb 27, 2013.

ENSTROM, A.M.; LIT, L.; ONORE, C.E.; GREGG, J.P.; HANSEN, R.L.; PESSAH, I.N.; HERTZ- PICCIOTTO, I., VAN DE WATER, J.A.; SHARP, F.R., ASHWOOD, P. Altered Gene Expression and Function of Peripheral Blood Natural Killer Cells in Children with Autism. *Brain, Behavior, and Immunity,* 2009, vol. 23, nº 1.

FISCH, G.S. Nosology and Epidemiology in Autism. Classification Counts. *American Journal of Medical Genetics Part C*: Seminars in Medical Genetics, 2012, vol. 160C, nº 2.

GLESSNER, J.T.; WANG, K.; CAI, G.; KORVATSKA, O.; KIM, C.E.; WOOD S. *et al.* Autism Genome-Wide Copy Number Variation Reveals Ubiquitin and Neuronal Genes. *Nature,* 2009, vol. 459.

GLATT, S.J.; TSUANG, M.T.; WINN, M.; CHANDLER, S.D.; COLLINS, M.; LOPEZ, L.; WEINFELD, M.; CARTER, C.; SCHORK, N.; PIERCE, K.; COURCHESNE, E. Blood-Based Gene Expression Signatures of Infants and Toddlers with Autism. *Journal of the American Academy of Child & Adolescent*

Psychiatry. 2012.

HALLMAYER, J.; CLEVELAND, S.; TORRES, A.; PHILLIPS, J.; COHEN, B.; TORIGOE, T. *et al.* Genetic Heritability and Shared Environment Factors Among Twin Pairs with Autism. *Archives of General Psychiatry*, 2011, vol. 68, n° 11.

HEIL, K.M.; SCHAAF, C.P. The Genetics of Autism Spectrum Disorders - A Guide for Clinicians. *Current Psychiatry Reports*, 2013.

HERTZ-PICCIOTTO, I.; DELWICHE, L. The Rise in Autism and the Role of Age at Diagnosis. *Epidemiology*, 2009, vol. 20, n° 1.

HU, V.W.; SARACHANA, T.; KIM, K.S.; NGUYEN, A.; KULKARNI, S.; STEINBERG, M.E.; LUU, T.; LAI, Y.; LEE, N.H. Gene Expression Profiling Differentiates Autism Case-Controls and Phenotypic Variants of Autism Spectrum Disorders. Evidence for Circadian Rhythm Dysfunction in Severe Autism. *Autism Research*, 2009, vol. 2, n° 2.

HRDLICKA, M.; DUDOVA, I. Controversies in Autism: Is A Broader Model of Social Disorders Needed? *Child & Adolescent Psychiatry Mental Health*, 2013.

KANNER, L. Autistic Disturbances of Affective Contact. *Nervous Child*, 1943, vol. 2.

KONG, A.; FRIGGE, M.L.; MASSON, G.; BE-

SENBACHER, S.; SULEM, P.; MAGNUSSON, G.; GUD-JONSSON, S.A.; SIGURDSSON, A.; JONASDOTTIR, A.; WONG, W.S.; SIGURDSSON, G.; WALTERS, G.B.; STEINBERG, S.; HELGASON, H.; THORLEIFSSON, G.; GUDBJARTSSON, D.F.; HELGASON, A., MAGNUSSON, O.T., THORSTEINSDOTTIR, U.; STEFANSSON, K. Rate of *De Novo* Mutations and the Importance of Father's Age to Disease Risk. *Nature*, 2012.

KUMAR, B.; PRAKASH, A.; SEWAL, R.K.; MEDHI, B.; MODI, M. Drug Therapy in Autism: A Present and Future Perspective. *Pharmacological Reports*, 2012.

KUMMAR, A.; SWANWICK, C.C.; JOHNSON, N.; MENASHE, I.; BASU, S.N.; BALES, M.E.; BANERJEE-BAUSS. A Brain Region-Specific Predictive Gene Map for Autism Derived by Profiling a Reference Gene Set. *PLoS One*, 2011, vol. 6, nº 12.

KUWANO, Y.; KAMIO, Y.; KAWAI, T.; KATSUURA, S.; INADA, N.; TAKAKI, A.; ROKUTAN, K. Autism-Associated Gene Expression in Peripheral Leucocytes Commonly Observed Between Subjects with Autism and Healthy Women Having Autistic Children. *PLoS One*, 2011, vol. 6, nº 9.

LAI, M.C.; LOMBARDO, M.V. ; CHAKRABARTI, B. ; BARON-COHEN, S. Subgrouping the Autism "Spectrum": Reflections on DSM-5. *PLoS Biology*, Apr, 2013.

LAHIRI, D.K.; MALONEY, B.; ZAWIA, N.H. The LEARn Model. An Epigenetic Explanation for Idiopathic Neurobiological Diseases. *Molecular Psychiatry*, 2009, vol.14, n° 11.

LEBLOND, C.S.; HENRICH, J.; DELORME, R.; PROEPPER, C.; BETANCUR C.; HUGUET, G. *et al.* Genetic and Functional Analyses of SHANK2 Mutations Suggest a Multiple Hit Model of Autism Spectrum Disorders. *PLoS One Genetics*, 2012, vol. 8, n° 2.

MARTIN, L.A.; HORRIAT, N.L. The Effects of Birth Order and Birth Interval on the Phenotypic Expression of Autism Spectrum Disorder. *PLoS One*, 2012.

MATSON, J.L.; HATTIER, M.A.; WILLIAMS, L.W. How Does Relaxing the Algorithm for Autism Affect DSM-V Prevalence Rates? *Journal of Autism and Developmental Disorders, online first,* 26 June 2012.

MATSON, J.L.; KOZLOWSKI A.M.; HATTIER, M.A.; HOROVITZ, M.; SIPES, M. DSM-IV vs DSM-5-Diagnostic Criteria for Toddlers with Autism. *Developmental Neurorehabilitation,* 2012, vol.15, n° 3.

McPARTLAND, J.C.; REICHOW, B.; VOLKMAR, F.R. Sensitivity and Specificity of Proposed DSM-5 Diagnostic Criteria for Autism Spectrum Disorder.

Journal of the American Academy of Child & Adolescent Psychiatry, 2012, vol. 51, n° 4.

MERCER, L.; CREIGHTON, S.; HOLDEN, J.J.; LEWIS, M.E. Parental Perspectives on the Causes of an Autism Spectrum Disorder in Their Children. *Journal of Genetics Counseling*, 2006, vol. 15, n° 1.

MILLAN, M.J. An Epigenetic Framework for Neurodevelopmental Disorders: From Pathogenesis to Potential Therapy. *Neuropharmacology*, 2013.

MILLER, M.; BALES, K.L; TAYLOR, S.L.; YOON, J.; HOSTETLER, C.M.; CARTER, C.S.; SOLOMON, M. Oxytocin and Vasopressin in Children and Adolescents With Autism Spectrum Disorders: Sex Differences and Associations With Symptoms. *Autism Research*, 2013 Feb 14.

MITRA, M. Rising Autism Rates Still Pose a Mystery. *JAMA*, 2010, vol. 303, n° 7.

NEALE, B.M.; KOU, Y.; LIU, L.; MA'AYAN, A.; SAMOCHA, K.E.; SABO A. *et al.* Patterns and Rates of Exonic *De Novo* Mutations in Autism Spectrum Disorders. *Nature*, 2012, vol. 485, n° 7397.

O'ROAK, B.J.; DERIZIOTIS, P.; LEE, C.; VIVES, L.; SCHWARTZ, J.J.; GIRIRAJAN, S.; KARAKOC, E.; MACKENZIE, A.P.; NG, S.B.; BACKER, C.; RIEDER, M.J.; NICKERSON, D.A.; BERNIER, R.; FISCHER, S.E.; SHENDURE, J.; EICHLER, E.E. Exome Sequencing in Sporadic Autism Spectrum Disorders Identifies Severe *De Novo* Mutations. *Nature Genetics*, 2011, vol. 43, n° 6.

Organisation Mondiale De La Santé [OMS]. *Classification statisque internationale des maladies et des problèmes de santé connexes*. CIM-10, 10ᵉ révision, Genève, Organisation mondiale de la santé, 2009.

Pino, D.; Pagnamenta, A.T.; Klei, L.; Anney, R.; Merico, D.; Regan, R. *et al.* Functional Impact of Global Rare Copy Number Variation in Autism Spectrum Disorders. *Nature,* 2010, vol. 466, n° 7304.

Rosenberg, R.E.; Law, J.K.; Yenokyan, G.; McGready, J.; Kaufmann, W.E.; Law, P.A. Characteristics and Concordance of Autism Spectrum Disorders Among 277 Twin Pairs. *Archives of Pediatrics & Adolescent Medicine*, 2009, vol. 163, n° 10.

Sanders, S.J.; Murtha, M.T.; Gupta, A.R.; Murdoch, J.D.; Raubeson, M.J.; Willsey, A.J. *et al. De Novo* Mutations Revealed by Whole-Exome Sequencing Are Strongly Associated With Autism. *Nature*, 2012, vol. 485, n° 7397.

Selkirk, C.G.; McCarthy Veach, P.; Lian, F.; Schimmenti, L.; LeRoy, B.S. Parents Perceptions of Autism Spectrum Disorder Etiology and Recurrence Risk and Effects of Their Perceptions on Family Planning. Recommendations for Genetic Counselors. *Journal of Genetic Counseling*, 2009, vol. 18, nº 5.

SORTE, H.S.; GJEVIK, E.; SPONHEIM, E.; EIKLID, K.L.; RØDNINGEN, O.K. Copy Number Variation Findings Among 50 Children and Adolescents With Autism Spectrum Disorder. *Psychiatric Genetics,* 2013.

SUCKSMITH, E.; ALLISON, C.; BARON-COHEN, S.; CHAKRABARTI, B.; HOEKSTRA, R.A. Empathy and Emotion Recognition in People With Autism, First-Degree Relatives, and Controls. *Neuropsychologia*, 2013.

STOUDER, C.; PAOLONI-GIACOBINO, A. Specific Transgeneration Imprinting Effects of the Endocrine Disruptor Methoxychlor on Male Gametes. *Reproduction*, 2011, vol. 141, nº 2.

SZYF, M. The Early Life Environment and the Epigenome. *Biochimica et Biophysica Acta*, 2009, vol. 1790, nº 9.

VISSERS, L.E.; STANKIEWICZ, P. Microdeletion and Microduplication Syndromes. *Methods in Molecular Biology*, 2012, vol. 838.

VOINEAGU, I.; WANG, X.; JOHNSTON P.; LOWE, J.K.; TIAN, Y.; HORVATH, S. *et al.* Transcriptomic Analysis of Autistic Brain Reveals Convergent Molecular Pathology. *Nature,* 2011, nº 7351.

WATERS, H. Autism, Authenticated. *Nature Medicine*, 2011, vol. 17, nº 11.

WEISS, L.A.; ARKING, D.E.; GENE DISCOVERY PROJECT OF JOHNS HOPKINS & THE AUTISM CONSORTIUM; DALY, M.J.; CHAKRAVARTI, A. A Genome-Wide Linkage and Association Scan Reveals Novel Loci for Autism. *Nature*, 2009, vol. 461, nº 7265.

WHITELAW, C.; FLETT, P.; AMOR, D.J. Recurrence Risk in Autism Spectrum Disorder. A study of Parental Knowledge. *Journal of Paediatrics and Child Health*, 2007, vol. 43, nº 11.

Esta obra foi composta em Adobe Garamond
12/14. Impressa com miolo em offset 75g
e capa em cartão 250g, por Createspace/ Amazon.